초보자도 입이 열리는
단계별 패턴 훈련!

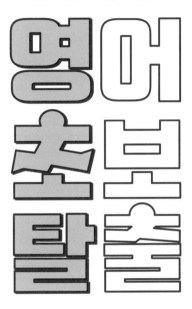

이현석 지음

목차

Level 2

의문문 패턴 훈련

Level 3

생활 밀착 회화 훈련

부록   기초 영어 발음 · 강세 훈련

영어 초보 탈출 소개

인스타그램 낭독 인증 누적 36만 건으로 증명된
화제의 영어 온라인 챌린지 **영어 초보 탈출**이
낭독스쿨 공식 단행본으로 재탄생했습니다!

EBS 대표 강사 현석샘이 엄선한
왕초보용 **평서문 패턴 50개, 의문문 패턴 40개,**
생활 밀착형 대화문 패턴 30개를 제공합니다!

함께 제공되는 오디오 음원과
강세 및 끊어 읽기 가이드, 기초 발음 꿀팁을 통해
오늘부터 영어 초보에서 탈출해 보세요!

초보자도 입이 자유롭게 열리는,
차근차근 **패턴·회화·발음** 훈련!

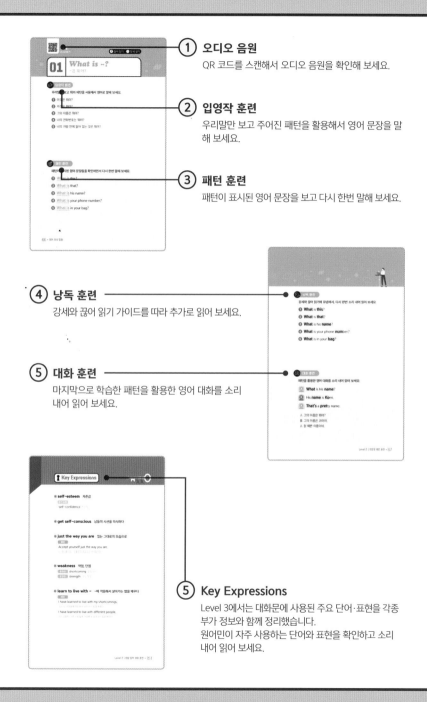

① **오디오 음원**

QR 코드를 스캔해서 오디오 음원을 확인해 보세요.

② **입영작 훈련**

우리말만 보고 주어진 패턴을 활용해서 영어 문장을 말해 보세요.

③ **패턴 훈련**

패턴이 표시된 영어 문장을 보고 다시 한번 말해 보세요.

④ **낭독 훈련**

강세와 끊어 읽기 가이드를 따라 추가로 읽어 보세요.

⑤ **대화 훈련**

마지막으로 학습한 패턴을 활용한 영어 대화를 소리 내어 읽어 보세요.

⑤ **Key Expressions**

Level 3에서는 대화문에 사용된 주요 단어·표현을 각종 부가 정보와 함께 정리했습니다.
원어민이 자주 사용하는 단어와 표현을 확인하고 소리 내어 읽어 보세요.

Level

1

평서문 패턴 훈련

 입영작 훈련

 패턴 훈련

 낭독 훈련

오디오 듣기

 ❶ 끊어 읽기 ⬤ 강세 넣기

01 *I want to ~*
~하고 싶다

📢 입영작 훈련

우리말만 보고 위의 패턴을 사용해서 영어로 말해 보세요.

❶ 나는 집에 가고 싶어.

❷ 나는 이제 자러 가고 싶어.

❸ 나는 여행을 가고 싶어.

❹ 나는 영화를 보고 싶어.

🎯 패턴 훈련

패턴이 표시된 영어 문장들을 확인하면서 다시 한번 말해 보세요.

❶ <u>I want to</u> go home.

❷ <u>I want to</u> go to bed now.

❸ <u>I want to</u> go on a trip.

❹ <u>I want to</u> watch a movie.

🗣 낭독 훈련

강세와 끊어 읽기에 유념해서, 다시 한번 소리 내어 읽어 보세요.

❶ I **want** to **/ go** home.

❷ I **want** to **/ go** to **bed now**.

❸ I **want** to **/ go** on a **trip**.

❹ I **want** to **/ watch** a **mo**vie.

오디오 듣기

/ 끊어 읽기 ● 강세 넣기

02 *I need to ~*
~해야 한다

📢 입영작 훈련

우리말만 보고 위의 패턴을 사용해서 영어로 말해 보세요.

1 나는 저녁을 준비해야 해.

2 나는 일찍 일어나야 해.

3 나는 살을 좀 빼야 해.

4 나는 장을 좀 봐야 해.

🎯 패턴 훈련

패턴이 표시된 영어 문장들을 확인하면서 다시 한번 말해 보세요.

1 I need to cook dinner.

2 I need to wake up early.

3 I need to lose some weight.

4 I need to get some groceries.

🎧 낭독 훈련

강세와 끊어 읽기에 유념해서, 다시 한번 소리 내어 읽어 보세요.

1 I **need** to **/ cook** dinner.

2 I **need** to **/** wake **up ear**ly.

3 I **need** to **/ lose** some **weight**.

4 I **need** to **/ get** some **gro**ceries.

03 *I have to ~*
꼭 ~해야만 한다

📢 입영작 훈련

우리말만 보고 위의 패턴을 사용해서 영어로 말해 보세요.

1 나는 전화 통화를 해야만 해.

2 나는 집에 일찍 들어가야만 해.

3 나는 이것을 오늘 끝내야만 해.

4 나는 아이들을 준비시켜야만 해.

🎯 패턴 훈련

패턴이 표시된 영어 문장들을 확인하면서 다시 한번 말해 보세요.

1 I have to make a phone call.

2 I have to get home early.

3 I have to finish this today.

4 I have to get my kids ready.

🤟 낭독 훈련

강세와 끊어 읽기에 유념해서, 다시 한번 소리 내어 읽어 보세요.

1 I **have** to **/ make** a **phone** call.

2 I **have** to **/ get** home **ear**ly.

3 I **have** to **/ fi**nish this to**day**.

4 I **have** to **/ get** my **kids rea**dy.

04 *I like to ~*
~하는 것을 좋아한다

📢 **입영작 훈련**

우리말만 보고 위의 패턴을 사용해서 영어로 말해 보세요.

❶ 나는 요리하는 것을 좋아해.

❷ 나는 책 읽는 것을 좋아해.

❸ 나는 영어 공부 하는 것을 좋아해.

❹ 나는 해외여행 가는 것을 좋아해.

🎯 **패턴 훈련**

패턴이 표시된 영어 문장들을 확인하면서 다시 한번 말해 보세요.

❶ I like to cook.

❷ I like to read books.

❸ I like to study English.

❹ I like to travel overseas.

🤟 **낭독 훈련**

강세와 끊어 읽기에 유념해서, 다시 한번 소리 내어 읽어 보세요.

❶ I **like** to / **cook**.

❷ I **like** to / **read** books.

❸ I **like** to / **stu**dy **Eng**lish.

❹ I **like** to / **tra**vel over**seas**.

05 I love to ~
~하는 것을 정말 좋아한다

📢 **입영작 훈련**

우리말만 보고 위의 패턴을 사용해서 영어로 말해 보세요.

❶ 나는 아이스크림 먹는 것을 정말 좋아해.

❷ 나는 운동하는 것을 정말 좋아해.

❸ 나는 산책하는 것을 정말 좋아해.

❹ 나는 사람들과 수다 떠는 것을 정말 좋아해.

🎯 **패턴 훈련**

패턴이 표시된 영어 문장들을 확인하면서 다시 한번 말해 보세요.

❶ I love to have ice cream.

❷ I love to work out.

❸ I love to take walks.

❹ I love to chat with people.

🎧 **낭독 훈련**

강세와 끊어 읽기에 유념해서, 다시 한번 소리 내어 읽어 보세요.

❶ I **love** to / have **ice** cream.

❷ I **love** to / work **out**.

❸ I **love** to / take **walks**.

❹ I **love** to / **chat** with **peo**ple.

오디오 듣기

06 *I'd like to ~*
~했으면 한다

📢 입영작 훈련

우리말만 보고 위의 패턴을 사용해서 영어로 말해 보세요.

❶ 너에게 질문을 하나 했으면 해.

❷ 너와 점심을 같이 먹었으면 해.

❸ 새 차를 샀으면 해.

❹ 새로운 취미를 시작했으면 해.

🎯 패턴 훈련

패턴이 표시된 영어 문장들을 확인하면서 다시 한번 말해 보세요.

❶ **I'd like to** ask you a question.

❷ **I'd like to** have lunch with you.

❸ **I'd like to** get a new car.

❹ **I'd like to** start a new hobby.

🤟 낭독 훈련

강세와 끊어 읽기에 유념해서, 다시 한번 소리 내어 읽어 보세요.

❶ I'd **like** to **/ ask** you a **ques**tion.

❷ I'd **like** to **/** have **lunch** with you.

❸ I'd **like** to **/ get** a new **car**.

❹ I'd **like** to **/ start** a new **hob**by.

오디오 듣기

끊어 읽기 ● 강세 넣기

07   *I hope I can ~*
(가능한 일에 대해) ~할 수 있으면 좋겠다

📢 입영작 훈련

우리말만 보고 위의 패턴을 사용해서 영어로 말해 보세요.

❶ 너를 곧 볼 수 있으면 좋겠어.

❷ 너를 거기서 볼 수 있으면 좋겠어.

❸ 너와 곧 이야기할 수 있으면 좋겠어.

❹ 도움을 좀 받을 수 있으면 좋겠어.

🎯 패턴 훈련

패턴이 표시된 영어 문장들을 확인하면서 다시 한번 말해 보세요.

❶ **I hope I can** see you soon.

❷ **I hope I can** see you there.

❸ **I hope I can** talk to you soon.

❹ **I hope I can** get some help.

🗣 낭독 훈련

강세와 끊어 읽기에 유념해서, 다시 한번 소리 내어 읽어 보세요.

❶ I **hope** / I can **see** you **soon**.

❷ I **hope** / I can **see** you **there**.

❸ I **hope** / I can **talk** to you **soon**.

❹ I **hope** / I can **get** some **help**.

20 · 영어 초보 탈출

오디오 듣기

ⓘ 끊어 읽기   ● 강세 넣기

08 *I wish I can(could) ~*

(가능성이 희박한 일에 대해) ~했으면 하는 소망이 있다

📢 입영작 훈련

우리말만 보고 위의 패턴을 사용해서 영어로 말해 보세요.

❶ 너와 같이 갔으면 하는 소망이 있다.

❷ 돈을 많이 벌었으면 하는 소망이 있다.

❸ 그를 다시 봤으면 하는 소망이 있다.

❹ 그들을 직접 봤으면 하는 소망이 있다.

🎯 패턴 훈련

패턴이 표시된 영어 문장들을 확인하면서 다시 한번 말해 보세요.

❶ <u>I wish I can</u> go with you.

❷ <u>I wish I can</u> make a lot of money.

❸ <u>I wish I can</u> see him again.

❹ <u>I wish I can</u> see them in person.

🗣 낭독 훈련

강세와 끊어 읽기에 유념해서, 다시 한번 소리 내어 읽어 보세요.

❶ I **wish** / I can **go** with you.

❷ I **wish** / I can **make** a **lot** of **mo**ney.

❸ I **wish** / I can **see** him a**gain**.

❹ I **wish** / I can **see** them in **per**son.

오디오 듣기

끊어 읽기 ● 강세 넣기

09 *I'd rather ~*
차라리 ~하고 싶다

🔊 **입영작 훈련**

우리말만 보고 위의 패턴을 사용해서 영어로 말해 보세요.

❶ 나는 차라리 집에 있고 싶어.

❷ 나는 차라리 배달을 시키고 싶어.

❸ 나는 차라리 저녁을 안 먹고 싶어.

❹ 나는 차라리 지하철을 타고 싶어.

🎯 **패턴 훈련**

패턴이 표시된 영어 문장들을 확인하면서 다시 한번 말해 보세요.

❶ I'd rather stay at home.

❷ I'd rather order delivery.

❸ I'd rather skip dinner.

❹ I'd rather take the subway.

🗣 **낭독 훈련**

강세와 끊어 읽기에 유념해서, 다시 한번 소리 내어 읽어 보세요.

❶ I'd rather / stay at home.

❷ I'd rather / order delivery.

❸ I'd rather / skip dinner.

❹ I'd rather / take the subway.

10 | *I look forward to ~*
~을 기대하고 있다

🔊 입영작 훈련

우리말만 보고 위의 패턴을 사용해서 영어로 말해 보세요.

1 나는 휴가를 기대하고 있어.

2 나는 우리의 미팅을 기대하고 있어.

3 나는 너를 만날 것을 기대하고 있어.

4 나는 그곳에 다시 갈 것을 기대하고 있어.

🎯 패턴 훈련

패턴이 표시된 영어 문장들을 확인하면서 다시 한번 말해 보세요.

1 <u>I look forward to</u> my vacation.

2 <u>I look forward to</u> our meeting.

3 <u>I look forward to</u> seeing you.

4 <u>I look forward to</u> going there again.

🗣 낭독 훈련

강세와 끊어 읽기에 유념해서, 다시 한번 소리 내어 읽어 보세요.

1 I look **for**ward / to my va**ca**tion.

2 I look **for**ward / to our **meet**ing.

3 I look **for**ward / to **see**ing you.

4 I look **for**ward / to **go**ing there a**gain**.

11 | *I'm glad to ~*
~해서 기쁘다

🔊 입영작 훈련

우리말만 보고 위의 패턴을 사용해서 영어로 말해 보세요.

1 너를 만나서 기뻐.

2 그 말을 들어서 기뻐.

3 너의 소식을 들어서 기뻐.

4 너와 같이 일해서 기뻐.

🎯 패턴 훈련

패턴이 표시된 영어 문장들을 확인하면서 다시 한번 말해 보세요.

1 **I'm glad to** meet you.

2 **I'm glad to** hear that.

3 **I'm glad to** hear from you.

4 **I'm glad to** work with you.

🖐 낭독 훈련

강세와 끊어 읽기에 유념해서, 다시 한번 소리 내어 읽어 보세요.

1 I'm **glad** / to **meet** you.

2 I'm **glad** / to **hear** that.

3 I'm **glad** / to **hear** from you.

4 I'm **glad** / to **work** with you.

오디오 듣기

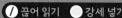

/ 끊어 읽기   ● 강세 넣기

12 *I'm sorry to ~*
~해서 미안하다, 안타깝다

📢 입영작 훈련

우리말만 보고 위의 패턴을 사용해서 영어로 말해 보세요.

❶ 너를 귀찮게 해서 미안해.

❷ 너에게 다시 전화해서 미안해.

❸ 거절해서 미안해.

❹ 그 말을 들어서 안타까워.

🎯 패턴 훈련

패턴이 표시된 영어 문장들을 확인하면서 다시 한번 말해 보세요.

❶ **I'm sorry to** bother you.

❷ **I'm sorry to** call you again.

❸ **I'm sorry to** say no.

❹ **I'm sorry to** hear that.

🎧 낭독 훈련

강세와 끊어 읽기에 유념해서, 다시 한번 소리 내어 읽어 보세요.

❶ I'm **sor**ry / to **bo**ther you.

❷ I'm **sor**ry / to **call** you a**gain**.

❸ I'm **sor**ry / to say **no**.

❹ I'm **sor**ry / to **hear** that.

오디오 듣기 ✔ 끊어 읽기 ● 강세 넣기

13 I'll be happy to ~
기꺼이 ~하겠다

📣 입영작 훈련

우리말만 보고 위의 패턴을 사용해서 영어로 말해 보세요.

❶ 기꺼이 너를 도와줄게.

❷ 기꺼이 네 말을 들어 줄게.

❸ 기꺼이 네 파티에 참석할게.

❹ 기꺼이 너와 점심을 같이 먹을게.

🎯 패턴 훈련

패턴이 표시된 영어 문장들을 확인하면서 다시 한번 말해 보세요.

❶ I'll be happy to help you out.

❷ I'll be happy to listen to you.

❸ I'll be happy to come to your party.

❹ I'll be happy to have lunch with you.

🎧 낭독 훈련

강세와 끊어 읽기에 유념해서, 다시 한번 소리 내어 읽어 보세요.

❶ I'll be **hap**py / to **help** you **out**.

❷ I'll be **hap**py / to **lis**ten to you.

❸ I'll be **hap**py / to **come** to your **par**ty.

❹ I'll be **hap**py / to have **lunch** with you.

오디오 듣기

끊어 읽기 ● 강세 넣기

14 I feel good about ~
~에 대해 기분이 좋다

📢 입영작 훈련

우리말만 보고 위의 패턴을 사용해서 영어로 말해 보세요.

❶ 나는 그 결과에 대해 기분이 좋아.

❷ 나는 내 새로운 목표에 대해 기분이 좋아.

❸ 나는 내 스터디 모임에 대해 기분이 좋아.

❹ 나는 내 루틴에 대해 기분이 좋아.

🎯 패턴 훈련

패턴이 표시된 영어 문장들을 확인하면서 다시 한번 말해 보세요.

❶ I feel good about the results.

❷ I feel good about my new goal.

❸ I feel good about my study group.

❹ I feel good about my routine.

🗣 낭독 훈련

강세와 끊어 읽기에 유념해서, 다시 한번 소리 내어 읽어 보세요.

❶ I feel **good** / about the re**sults**.

❷ I feel **good** / about my new **goal**.

❸ I feel **good** / about my **study** group.

❹ I feel **good** / about my rou**tine**.

15 *I feel bad about ~*
~이 안타깝다, 마음에 걸린다

📢 **입영작 훈련**

우리말만 보고 위의 패턴을 사용해서 영어로 말해 보세요.

❶ 나는 그 상황이 안타까워.

❷ 나는 내 실수가 마음에 걸려.

❸ 나는 그들이 헤어진 것이 안타까워.

❹ 나는 내가 한 말이 마음에 걸려.

🎯 **패턴 훈련**

패턴이 표시된 영어 문장들을 확인하면서 다시 한번 말해 보세요.

❶ **I feel bad about** the situation.

❷ **I feel bad about** my mistake.

❸ **I feel bad about** their breakup.

❹ **I feel bad about** what I said.

👋 **낭독 훈련**

강세와 끊어 읽기에 유념해서, 다시 한번 소리 내어 읽어 보세요.

❶ I feel **bad /** about the situ**a**tion.

❷ I feel **bad /** about my mis**take**.

❸ I feel **bad /** about their **break**up.

❹ I feel **bad /** about **what** I **said**.

16 | *I feel like ~*
~하고 싶은 기분이다

📢 입영작 훈련

우리말만 보고 위의 패턴을 사용해서 영어로 말해 보세요.

❶ 나는 영화를 보고 싶은 기분이야.

❷ 나는 맥주를 마시고 싶은 기분이야.

❸ 나는 여행을 가고 싶은 기분이야.

❹ 나는 잠시 휴식을 취하고 싶은 기분이야.

🎯 패턴 훈련

패턴이 표시된 영어 문장들을 확인하면서 다시 한번 말해 보세요.

❶ I feel like watching a movie.

❷ I feel like drinking some beer.

❸ I feel like going on a trip.

❹ I feel like taking a break.

🗣 낭독 훈련

강세와 끊어 읽기에 유념해서, 다시 한번 소리 내어 읽어 보세요.

❶ I **feel** like / **watch**ing a **mo**vie.

❷ I **feel** like / **drink**ing some **beer**.

❸ I **feel** like / **go**ing on a **trip**.

❹ I **feel** like / **ta**king a **break**.

오디오 듣기

 끊어 읽기 ● 강세 넣기

17 *I'm worried about ~*
~이 걱정된다

입영작 훈련

우리말만 보고 위의 패턴을 사용해서 영어로 말해 보세요.

❶ 나는 네가 걱정돼.

❷ 나는 내 아들이 걱정돼.

❸ 나는 그 상황이 걱정돼.

❹ 나는 그의 상태가 걱정돼.

패턴 훈련

패턴이 표시된 영어 문장들을 확인하면서 다시 한번 말해 보세요.

❶ I'm worried about you.

❷ I'm worried about my son.

❸ I'm worried about the situation.

❹ I'm worried about his condition.

낭독 훈련

강세와 끊어 읽기에 유념해서, 다시 한번 소리 내어 읽어 보세요.

❶ I'm **wor**ried / about **you**.

❷ I'm **wor**ried / about my **son**.

❸ I'm **wor**ried / about the situ**a**tion.

❹ I'm **wor**ried / about his con**di**tion.

오디오 듣기

18 | *I can't stand ~*
~을 못 참겠다

📢 입영작 훈련

우리말만 보고 위의 패턴을 사용해서 영어로 말해 보세요.

❶ 나는 저 소음을 못 참겠어.

❷ 나는 저 냄새를 못 참겠어.

❸ 나는 그의 농담을 못 참겠어.

❹ 나는 더운 날씨를 못 참겠어.

🎯 패턴 훈련

패턴이 표시된 영어 문장들을 확인하면서 다시 한번 말해 보세요.

❶ <u>I can't stand</u> that noise.

❷ <u>I can't stand</u> that smell.

❸ <u>I can't stand</u> his jokes.

❹ <u>I can't stand</u> the hot weather.

🖐 낭독 훈련

강세와 끊어 읽기에 유념해서, 다시 한번 소리 내어 읽어 보세요.

❶ I **can't** stand **/ that noi**se.

❷ I **can't** stand **/ that smell**.

❸ I **can't** stand **/** his **jokes**.

❹ I **can't** stand **/** the **hot wea**ther.

  오디오 듣기

19 *I'm afraid of ~*
~이 무섭다

입영작 훈련

우리말만 보고 위의 패턴을 사용해서 영어로 말해 보세요.

❶ 나는 높은 곳이 무서워.

❷ 나는 곤충이 무서워.

❸ 나는 뱀이 무서워.

❹ 나는 실수하는 것이 무서워.

패턴 훈련

패턴이 표시된 영어 문장들을 확인하면서 다시 한번 말해 보세요.

❶ **I'm afraid of** heights.

❷ **I'm afraid of** insects.

❸ **I'm afraid of** snakes.

❹ **I'm afraid of** making mistakes.

낭독 훈련

강세와 끊어 읽기에 유념해서, 다시 한번 소리 내어 읽어 보세요.

❶ I'm a**fraid** / of **heights**.

❷ I'm a**fraid** / of **in**sects.

❸ I'm a**fraid** / of **snakes**.

❹ I'm a**fraid** / of **ma**king mis**takes**.

20 *I'm proud of ~*
~이 자랑스럽다

입영작 훈련

우리말만 보고 위의 패턴을 사용해서 영어로 말해 보세요.

❶ 나는 네가 자랑스러워.

❷ 나는 내 아들이 자랑스러워.

❸ 나는 내 아이들이 정말 자랑스러워.

❹ 나는 내 부모님이 정말 자랑스러워.

패턴 훈련

패턴이 표시된 영어 문장들을 확인하면서 다시 한번 말해 보세요.

❶ I'm proud of you.

❷ I'm proud of my son.

❸ I'm so proud of my children.

❹ I'm so proud of my parents.

낭독 훈련

강세와 끊어 읽기에 유념해서, 다시 한번 소리 내어 읽어 보세요.

❶ I'm **proud** of you.

❷ I'm **proud** / of my **son**.

❸ I'm **so** proud / of my **child**ren.

❹ I'm **so** proud / of my **pa**rents.

오디오 듣기

끊어 읽기 ● 강세 넣기

21 *I'm crazy about ~*
~이 너무 좋다, ~에 푹 빠져 있다

📣 입영작 훈련

우리말만 보고 위의 패턴을 사용해서 영어로 말해 보세요.

❶ 나는 아이스크림이 너무 좋아.

❷ 나는 초밥이 너무 좋아.

❸ 나는 그들의 새 싱글 앨범에 푹 빠져 있어.

❹ 나는 이 TV 드라마에 푹 빠져 있어.

🎯 패턴 훈련

패턴이 표시된 영어 문장들을 확인하면서 다시 한번 말해 보세요.

❶ I'm crazy about ice cream.

❷ I'm crazy about sushi.

❸ I'm crazy about their new single.

❹ I'm crazy about this TV drama.

👄 낭독 훈련

강세와 끊어 읽기에 유념해서, 다시 한번 소리 내어 읽어 보세요.

❶ I'm **cra**zy / about **ice** cream.

❷ I'm **cra**zy / about **su**shi.

❸ I'm **cra**zy / about their **new single**.

❹ I'm **cra**zy / about this T**V dra**ma.

끊어 읽기 ● 강세 넣기

오디오 듣기

22 | *I had to ~*
~해야 했다

🔊 입영작 훈련

우리말만 보고 위의 패턴을 사용해서 영어로 말해 보세요.

1 나는 정말 일찍 일어나야 했어.

2 나는 결혼식에 가야 했어.

3 나는 회의에 참석해야 했어.

4 나는 장을 좀 보아야 했어.

🎯 패턴 훈련

패턴이 표시된 영어 문장들을 확인하면서 다시 한번 말해 보세요.

1 I had to wake up very early.

2 I had to go to a wedding.

3 I had to attend a meeting.

4 I had to get some groceries.

🎧 낭독 훈련

강세와 끊어 읽기에 유념해서, 다시 한번 소리 내어 읽어 보세요.

1 I **had** to / wake **up very** early.

2 I **had** to / **go** to a **wed**ding.

3 I **had** to / at**tend** a **meet**ing.

4 I **had** to / **get** some **gro**ceries.

23 | *I was able to ~*
~할 수 있었다

입영작 훈련

우리말만 보고 위의 패턴을 사용해서 영어로 말해 보세요.

1 나는 새 차를 살 수 있었어.

2 나는 시험에 합격할 수 있었어.

3 나는 살을 좀 뺄 수 있었어.

4 나는 영어로 더 잘 말할 수 있었어.

패턴 훈련

패턴이 표시된 영어 문장들을 확인하면서 다시 한번 말해 보세요.

1 I was able to buy a new car.

2 I was able to pass the test.

3 I was able to lose some weight.

4 I was able to speak English better.

낭독 훈련

강세와 끊어 읽기에 유념해서, 다시 한번 소리 내어 읽어 보세요.

1 I was **able** to / **buy** a **new car**.

2 I was **able** to / **pass** the **test**.

3 I was **able** to / **lose** some **weight**.

4 I was **able** to / **speak** English **bet**ter.

오디오 듣기

끊어 읽기 ● 강세 넣기

24 *I forgot to ~*
~하는 것을 깜빡했다

입영작 훈련

우리말만 보고 위의 패턴을 사용해서 영어로 말해 보세요.

① 신청(등록)하는 것을 깜빡했어.

② 문을 잠그는 것을 깜빡했어.

③ 계란을 사는 것을 깜빡했어.

④ 강아지에게 밥 주는 것을 깜빡했어.

패턴 훈련

패턴이 표시된 영어 문장들을 확인하면서 다시 한번 말해 보세요.

① I forgot to sign up.

② I forgot to lock the door.

③ I forgot to buy some eggs.

④ I forgot to feed my dog.

낭독 훈련

강세와 끊어 읽기에 유념해서, 다시 한번 소리 내어 읽어 보세요.

① I for**got** / to sign **up**.

② I for**got** / to **lock** the **door**.

③ I for**got** / to **buy** some **eggs**.

④ I for**got** / to **feed** my **dog**.

25 | *I heard that ~*
~이라고 들었다

📢 입영작 훈련

우리말만 보고 위의 패턴을 사용해서 영어로 말해 보세요.

❶ 나는 네가 아프다고 들었어.

❷ 나는 그곳이 정말 좋다고 들었어.

❸ 나는 네가 쇼핑하러 갔다고 들었어.

❹ 나는 네가 한국에 올 예정이라고 들었어.

🎯 패턴 훈련

패턴이 표시된 영어 문장들을 확인하면서 다시 한번 말해 보세요.

❶ <u>I heard that</u> you are sick.

❷ <u>I heard that</u> it is so nice there.

❸ <u>I heard that</u> you went shopping.

❹ <u>I heard that</u> you will come to Korea.

🗣 낭독 훈련

강세와 끊어 읽기에 유념해서, 다시 한번 소리 내어 읽어 보세요.

❶ I **heard** that / you are **sick**.

❷ I **heard** that / it is **so nice** there.

❸ I **heard** that / you went **shop**ping.

❹ I **heard** that / you will **come** to Ko**rea**.

오디오 듣기

⫽ 끊어 읽기 ● 강세 넣기

26 | *I had trouble ~*
~하는 것이 힘들었다

입영작 훈련

우리말만 보고 위의 패턴을 사용해서 영어로 말해 보세요.

❶ 나는 여기 오는 것이 힘들었어.

❷ 나는 영어를 배우는 것이 힘들었어.

❸ 나는 이 장소를 찾는 것이 힘들었어.

❹ 나는 살을 빼는 것이 힘들었어.

패턴 훈련

패턴이 표시된 영어 문장들을 확인하면서 다시 한번 말해 보세요.

❶ I had trouble getting here.

❷ I had trouble learning English.

❸ I had trouble finding this place.

❹ I had trouble losing weight.

낭독 훈련

강세와 끊어 읽기에 유념해서, 다시 한번 소리 내어 읽어 보세요.

❶ I had **trouble / get**ting here.

❷ I had **trouble /** learning **Eng**lish.

❸ I had **trouble / find**ing this **place**.

❹ I had **trouble / lo**sing **weight**.

Level 1 | 평서문 패턴 훈련 • 39

오디오 듣기

⬤ 끊어 읽기   ⬤ 강세 넣기

27 | *I stopped ~*
~하는 것을 중단했다

📢 입영작 훈련

우리말만 보고 위의 패턴을 사용해서 영어로 말해 보세요.

❶ 나는 그녀와 말하는 것을 중단했어.

❷ 나는 그를 돕는 것을 중단했어.

❸ 나는 그녀에게 조언하는 것을 중단했어.

❹ 나는 내 인생에 대해 불평하는 것을 중단했어.

🎯 패턴 훈련

패턴이 표시된 영어 문장들을 확인하면서 다시 한번 말해 보세요.

❶ I stopped talking to her.

❷ I stopped helping him.

❸ I stopped giving her advice.

❹ I stopped complaining about my life.

🗣 낭독 훈련

강세와 끊어 읽기에 유념해서, 다시 한번 소리 내어 읽어 보세요.

❶ I **stop**ped / **talk**ing to her.

❷ I **stop**ped / **help**ing him.

❸ I **stop**ped / **gi**ving her ad**vice**.

❹ I **stop**ped / com**plain**ing about my **life**.

오디오 듣기

끊어 읽기 ● 강세 넣기

28 *I used to ~*
~했었다, ~하고는 했었다

📢 입영작 훈련

우리말만 보고 위의 패턴을 사용해서 영어로 말해 보세요.

❶ 나는 그곳에 살았었어.

❷ 나는 그곳에서 학교에 다녔었어.

❸ 나는 그곳에서 한동안 일했었어.

❹ 나는 밤늦게 먹고는 했었어.

🎯 패턴 훈련

패턴이 표시된 영어 문장들을 확인하면서 다시 한번 말해 보세요.

❶ **I used to** live there.

❷ **I used to** go to school there.

❸ **I used to** work there for a while.

❹ **I used to** eat late at night.

🗣 낭독 훈련

강세와 끊어 읽기에 유념해서, 다시 한번 소리 내어 읽어 보세요.

❶ I **used** to **/ live** there.

❷ I **used** to **/ go** to **school** there.

❸ I **used** to **/ work** there for a **while**.

❹ I **used** to **/** eat **late** at **night**.

오디오 듣기

끊어 읽기 　강세 넣기

29 *I couldn't believe ~*
~을 믿을 수 없었다

📢 **입영작 훈련**

우리말만 보고 위의 패턴을 사용해서 영어로 말해 보세요.

❶ 나는 그를 믿을 수 없었어.

❷ 나는 그의 이야기를 믿을 수 없었어.

❸ 나는 그가 한 말을 믿을 수 없었어.

❹ 나는 무슨 일이 일어났는지 믿을 수 없었어.

🎯 **패턴 훈련**

패턴이 표시된 영어 문장들을 확인하면서 다시 한번 말해 보세요.

❶ <u>I couldn't believe</u> him.

❷ <u>I couldn't believe</u> his story.

❸ <u>I couldn't believe</u> what he said.

❹ <u>I couldn't believe</u> what happened.

🤟 **낭독 훈련**

강세와 끊어 읽기에 유념해서, 다시 한번 소리 내어 읽어 보세요.

❶ I **couldn't** be**liev**e him.

❷ I **couldn't** be**lieve** / his **story**.

❸ I **couldn't** be**lieve** / **what** he **said**.

❹ I **couldn't** be**lieve** / what **hap**pened.

오디오 듣기

／ 끊어 읽기　● 강세 넣기

30 | *I'm going to ~*
~할 계획이다

🔊 입영작 훈련

우리말만 보고 위의 패턴을 사용해서 영어로 말해 보세요.

❶ 나는 그녀와 저녁을 먹을 계획이야.

❷ 나는 휴가를 갈 계획이야.

❸ 나는 매일 공부할 계획이야.

❹ 나는 운동을 시작할 계획이야.

🎯 패턴 훈련

패턴이 표시된 영어 문장들을 확인하면서 다시 한번 말해 보세요.

❶ I'm going to have dinner with her.

❷ I'm going to go on a vacation.

❸ I'm going to study every day.

❹ I'm going to start exercising.

🗣 낭독 훈련

강세와 끊어 읽기에 유념해서, 다시 한번 소리 내어 읽어 보세요.

❶ I'm **go**ing to **/** have **din**ner with her.

❷ I'm **go**ing to **/ go** on a va**ca**tion.

❸ I'm **go**ing to **/ study** every **day**.

❹ I'm **go**ing to **/ start ex**ercising.

Level 1 | 평서문 패턴 훈련 • 43

31 | *I'm sure that ~*
~이라고 확신한다

 입영작 훈련

우리말만 보고 위의 패턴을 사용해서 영어로 말해 보세요.

❶ 나는 그녀가 올 것이라고 확신해.

❷ 나는 괜찮을 것이라고 확신해.

❸ 나는 그녀가 이해할 것이라고 확신해.

❹ 나는 네가 그것을 좋아할 것이라고 확신해.

패턴 훈련

패턴이 표시된 영어 문장들을 확인하면서 다시 한번 말해 보세요.

❶ **I'm sure that** she will come.

❷ **I'm sure that** it will be okay.

❸ **I'm sure that** she will understand.

❹ **I'm sure that** you will like it.

낭독 훈련

강세와 끊어 읽기에 유념해서, 다시 한번 소리 내어 읽어 보세요.

❶ I'm **sure** that / she will **come**.

❷ I'm **sure** that / it will be o**kay**.

❸ I'm **sure** that / she will under**stand**.

❹ I'm **sure** that / you will **like** it.

오디오 듣기

끊어 읽기 ● 강세 넣기

32 | *I've got to ~*
~해야 한다

🔊 입영작 훈련

우리말만 보고 위의 패턴을 사용해서 영어로 말해 보세요.

1 나는 설거지를 해야 해.

2 나는 빨래를 해야 해.

3 나는 쓰레기를 내다 버려야 해.

4 나는 아들을 데리러 가야 해.

🎯 패턴 훈련

패턴이 표시된 영어 문장들을 확인하면서 다시 한번 말해 보세요.

1 **I've got to** do the dishes.

2 **I've got to** do the laundry.

3 **I've got to** take out the garbage.

4 **I've got to** pick up my son.

👐 낭독 훈련

강세와 끊어 읽기에 유념해서, 다시 한번 소리 내어 읽어 보세요.

1 I've **got** to **/ do** the **dishes**.

2 I've **got** to **/ do** the **laun**dry.

3 I've **got** to take **out /** the **gar**bage.

4 I've **got** to pick **up /** my **son**.

33 | *I'm calling to ~*
~하려고 전화했다

📢 입영작 훈련

우리말만 보고 위의 패턴을 사용해서 영어로 말해 보세요.

❶ 도움을 요청하려고 전화했어요.

❷ (장소) 예약을 하려고 전화했어요.

❸ (서비스) 예약을 하려고 전화했어요.

❹ 주문을 취소하려고 전화했어요.

🎯 패턴 훈련

패턴이 표시된 영어 문장들을 확인하면서 다시 한번 말해 보세요.

❶ __I'm calling to__ ask for some help.

❷ __I'm calling to__ make a reservation.

❸ __I'm calling to__ make an appointment.

❹ __I'm calling to__ cancel my order.

🗣 낭독 훈련

강세와 끊어 읽기에 유념해서, 다시 한번 소리 내어 읽어 보세요.

❶ I'm **call**ing **/** to **ask** for some **help**.

❷ I'm **call**ing **/** to **make** a reser**va**tion.

❸ I'm **call**ing **/** to **make** an ap**point**ment.

❹ I'm **call**ing **/** to **can**cel my **or**der.

 오디오 듣기

34 | *I can't wait to ~*
빨리 ~하고 싶다

🔊 입영작 훈련

우리말만 보고 위의 패턴을 사용해서 영어로 말해 보세요.

❶ 빨리 너를 보고 싶어.

❷ 빨리 그녀에게 말해 주고 싶어.

❸ 빨리 그 책을 읽고 싶어.

❹ 빨리 그 영화를 보고 싶어.

🎯 패턴 훈련

패턴이 표시된 영어 문장들을 확인하면서 다시 한번 말해 보세요.

❶ <u>I can't wait to</u> see you.

❷ <u>I can't wait to</u> tell her.

❸ <u>I can't wait to</u> read that book.

❹ <u>I can't wait to</u> watch that movie.

🎧 낭독 훈련

강세와 끊어 읽기에 유념해서, 다시 한번 소리 내어 읽어 보세요.

❶ I can't **wait /** to **see** you.

❷ I can't **wait /** to **tell** her.

❸ I can't **wait /** to **read** that **book**.

❹ I can't **wait /** to **watch** that **mo**vie.

오디오 듣기

 끊어 읽기 강세 넣기

35 | *I wonder if ~*
~인지 궁금하다

📢 입영작 훈련

우리말만 보고 위의 패턴을 사용해서 영어로 말해 보세요.

❶ 나는 네가 올 수 있는지 궁금해.

❷ 나는 내가 펜을 하나 빌릴 수 있는지 궁금해.

❸ 나는 그곳이 오늘 문을 열었는지 궁금해.

❹ 나는 이것이 맛있을지 궁금해.

🎯 패턴 훈련

패턴이 표시된 영어 문장들을 확인하면서 다시 한번 말해 보세요.

❶ <u>I wonder if</u> you can come.

❷ <u>I wonder if</u> I can borrow a pen.

❸ <u>I wonder if</u> they are open today.

❹ <u>I wonder if</u> this tastes good.

🎧 낭독 훈련

강세와 끊어 읽기에 유념해서, 다시 한번 소리 내어 읽어 보세요.

❶ I **won**der if **/** you can **come**.

❷ I **won**der if **/** I can **bor**row a **pen**.

❸ I **won**der if **/** they are **o**pen to**day**.

❹ I **won**der if **/** this **tas**tes **good**.

오디오 듣기

36 | *I don't think ~*
~않는 것 같다

 입영작 훈련

우리말만 보고 위의 패턴을 사용해서 영어로 말해 보세요.

❶ 그녀가 가고 싶어 하지 않는 것 같아.

❷ 그녀가 그것을 좋아하지 않는 것 같아.

❸ 이것은 옳지 않은 것 같아.

❹ 네가 그것을 할 수 있지 않은 것 같아.

패턴 훈련

패턴이 표시된 영어 문장들을 확인하면서 다시 한번 말해 보세요.

❶ <u>I don't think</u> she wants to go.

❷ <u>I don't think</u> she likes it.

❸ <u>I don't think</u> this is right.

❹ <u>I don't think</u> you can do that.

낭독 훈련

강세와 끊어 읽기에 유념해서, 다시 한번 소리 내어 읽어 보세요.

❶ I **don't** think **/** she **wants** to **go**.

❷ I **don't** think **/** she **likes** it.

❸ I **don't** think **/** this is **right**.

❹ I **don't** think **/** you can **do** that.

37 | *I'll have to ~*
~해야 할 것이다

📢 입영작 훈련

우리말만 보고 위의 패턴을 사용해서 영어로 말해 보세요.

❶ 나는 나중에 다시 와야 할 거야.

❷ 나는 그들에게 다시 전화해야 할 거야.

❸ 나는 그녀에게 진실을 말해야 할 거야.

❹ 나는 온라인으로 그것을 주문해야 할 거야.

🎯 패턴 훈련

패턴이 표시된 영어 문장들을 확인하면서 다시 한번 말해 보세요.

❶ **I'll have to** come back later.

❷ **I'll have to** call them again.

❸ **I'll have to** tell her the truth.

❹ **I'll have to** order it online.

✋ 낭독 훈련

강세와 끊어 읽기에 유념해서, 다시 한번 소리 내어 읽어 보세요.

❶ I'll **have** to / come **back** later.

❷ I'll **have** to / **call** them a**gain**.

❸ I'll **have** to / **tell** her the **truth**.

❹ I'll **have** to / **or**der it on**line**.

오디오 듣기

끊어 읽기 ● 강세 넣기

38 I'll never ~
절대 ~하지 않을 것이다

🔊 입영작 훈련

우리말만 보고 위의 패턴을 사용해서 영어로 말해 보세요.

❶ 나는 절대 그녀에게 도움을 요청하지 않을 거야.

❷ 나는 절대 그곳에 혼자 가지 않을 거야.

❸ 나는 다시는 그들의 서비스를 이용하지 않을 거야.

❹ 나는 다시는 술을 그렇게 마시지 않을 거야.

🎯 패턴 훈련

패턴이 표시된 영어 문장들을 확인하면서 다시 한번 말해 보세요.

❶ <u>I'll never</u> ask for her help.

❷ <u>I'll never</u> go there by myself.

❸ <u>I'll never</u> use their service again.

❹ <u>I'll never</u> drink like that again.

🤟 낭독 훈련

강세와 끊어 읽기에 유념해서, 다시 한번 소리 내어 읽어 보세요.

❶ I'll **never /** ask for her **help**.

❷ I'll **never / go** there by my**self**.

❸ I'll **never / use** their **ser**vice a**gain**.

❹ I'll **never / drink** like that a**gain**.

오디오 듣기

끊어 읽기 ● 강세 넣기

39 | *I think ~*
~인 것 같다 (~이라고 생각한다)

📢 입영작 훈련

우리말만 보고 위의 패턴을 사용해서 영어로 말해 보세요.

❶ 나는 도움이 필요한 것 같아.

❷ 나는 그것을 스스로 할 수 있을 것 같아.

❸ 그는 화가 났던 것 같아.

❹ 그는 또 늦을 것 같아.

🎯 패턴 훈련

패턴이 표시된 영어 문장들을 확인하면서 다시 한번 말해 보세요.

❶ I think I need some help.

❷ I think I can do it myself.

❸ I think he was angry.

❹ I think he will be late again.

👂 낭독 훈련

강세와 끊어 읽기에 유념해서, 다시 한번 소리 내어 읽어 보세요.

❶ I **think** / I **need** some **help**.

❷ I **think** / I can **do** it my**self**.

❸ I **think** / he was **an**gry.

❹ I **think** / he will be **late** a**gain**.

40 | *I guess ~*
~인 듯하다, ~인 모양이다

 입영작 훈련

우리말만 보고 위의 패턴을 사용해서 영어로 말해 보세요.

❶ 그녀가 너를 많이 좋아하는 듯해.

❷ 너는 아직 준비가 되지 않은 모양이야.

❸ 그녀는 아주 바빴던 모양이야.

❹ 나는 다음 주에 너를 만날 듯해.

패턴 훈련

패턴이 표시된 영어 문장들을 확인하면서 다시 한번 말해 보세요.

❶ I guess she likes you a lot.

❷ I guess you are not ready yet.

❸ I guess she was very busy.

❹ I guess I will see you next week.

낭독 훈련

강세와 끊어 읽기에 유념해서, 다시 한번 소리 내어 읽어 보세요.

❶ I **guess** / she **likes** you a **lot**.

❷ I **guess** / you are **not** ready **yet**.

❸ I **guess** / she was **very** busy.

❹ I **guess** / I will **see** you next **week**.

41 | *I suggest ~*
~을 제안한다, 권장한다

📢 입영작 훈련

우리말만 보고 위의 패턴을 사용해서 영어로 말해 보세요.

1 네가 물을 더 마실 것을 제안해.

2 네가 휴식을 좀 취할 것을 권장해.

3 우리가 잠시 쉴 것을 제안해.

4 네가 그녀에게 지금 말할 것을 권장해.

🎯 패턴 훈련

패턴이 표시된 영어 문장들을 확인하면서 다시 한번 말해 보세요.

1 **I suggest** you drink more water.

2 **I suggest** you get some rest.

3 **I suggest** we take a break.

4 **I suggest** you tell her now.

🤟 낭독 훈련

강세와 끊어 읽기에 유념해서, 다시 한번 소리 내어 읽어 보세요.

1 I sug**gest** / you **drink** more **wa**ter.

2 I sug**gest** / you **get** some **rest**.

3 I sug**gest** / we **take** a **break**.

4 I sug**gest** / you **tell** her **now**.

오디오 듣기

/ 끊어 읽기 ● 강세 넣기

42 | *I can't help ~*
~하지 않을 수 없다

🔊 입영작 훈련

우리말만 보고 위의 패턴을 사용해서 영어로 말해 보세요.

1 나는 간식을 먹지 않을 수 없어.

2 나는 그를 생각하지 않을 수 없어.

3 나는 조금 슬픈 마음이 들지 않을 수 없어.

4 나는 실망하지 않을 수 없어.

🎯 패턴 훈련

패턴이 표시된 영어 문장들을 확인하면서 다시 한번 말해 보세요.

1 I can't help eating snacks.

2 I can't help thinking about him.

3 I can't help feeling a little sad.

4 I can't help being disappointed.

🗣 낭독 훈련

강세와 끊어 읽기에 유념해서, 다시 한번 소리 내어 읽어 보세요.

1 I **can't** help / **eat**ing **snacks**.

2 I **can't** help / **think**ing about him.

3 I **can't** help / **feel**ing a little **sad**.

4 I **can't** help / being disap**poin**ted.

오디오 듣기

 ✓ 끊어 읽기 ⬤ 강세 넣기

43 | *I'm ready to ~*
~할 준비가 되었다

📢 입영작 훈련

우리말만 보고 위의 패턴을 사용해서 영어로 말해 보세요.

❶ 나는 새로운 한 달을 시작할 준비가 되었어.

❷ 나는 이제 자러 갈 준비가 되었어.

❸ 나는 이사 갈 준비가 되었어.

❹ 나는 휴가 갈 준비가 되었어.

🎯 패턴 훈련

패턴이 표시된 영어 문장들을 확인하면서 다시 한번 말해 보세요.

❶ **I'm ready to** start a new month.

❷ **I'm ready to** go to bed now.

❸ **I'm ready to** move out.

❹ **I'm ready to** go on my vacation.

🗣 낭독 훈련

강세와 끊어 읽기에 유념해서, 다시 한번 소리 내어 읽어 보세요.

❶ I'm **ready /** to **start** a new **month**.

❷ I'm **ready /** to go to **bed** now.

❸ I'm **ready /** to move **out**.

❹ I'm **ready /** to **go** on my va**ca**tion.

끊어 읽기 ● 강세 넣기

44 I don't know if ~
~인지 잘 모르겠다

📢 입영작 훈련

우리말만 보고 위의 패턴을 사용해서 영어로 말해 보세요.

❶ 내가 그것을 할 수 있을지 잘 모르겠어.

❷ 내가 너를 도와줄 수 있을지 잘 모르겠어.

❸ 그녀가 괜찮은지 잘 모르겠어.

❹ 그들이 올지 잘 모르겠어.

🎯 패턴 훈련

패턴이 표시된 영어 문장들을 확인하면서 다시 한번 말해 보세요.

❶ <u>I don't know if</u> I can do that.

❷ <u>I don't know if</u> I can help you.

❸ <u>I don't know if</u> she is okay.

❹ <u>I don't know if</u> they are coming.

✋ 낭독 훈련

강세와 끊어 읽기에 유념해서, 다시 한번 소리 내어 읽어 보세요.

❶ I **don't** know **/** if I can **do** that.

❷ I **don't** know **/** if I can **help** you.

❸ I **don't** know **/** if she is o**kay**.

❹ I **don't** know **/** if they are **co**ming.

오디오 듣기

45 | *I'm about to ~*
막 ~하려던 참이다

🔊 입영작 훈련

우리말만 보고 위의 패턴을 사용해서 영어로 말해 보세요.

❶ 나는 막 점심을 먹으려던 참이야.

❷ 나는 막 샤워를 하려던 참이야.

❸ 나는 막 나가려던 참이야.

❹ 나는 막 아이들에게 저녁밥을 해 주려던 참이야.

🎯 패턴 훈련

패턴이 표시된 영어 문장들을 확인하면서 다시 한번 말해 보세요.

❶ <u>I'm about to</u> have lunch.

❷ <u>I'm about to</u> take a shower.

❸ <u>I'm about to</u> head out.

❹ <u>I'm about to</u> cook dinner for my kids.

🎧 낭독 훈련

강세와 끊어 읽기에 유념해서, 다시 한번 소리 내어 읽어 보세요.

❶ I'm **about** to / have **lunch**.

❷ I'm **about** to / take a **sho**wer.

❸ I'm **about** to / head **out**.

❹ I'm **about** to / cook **din**ner for my **kids**.

오디오 듣기   끊어 읽기   강세 넣기

46 | *I'm trying to ~*
~하려고 하는 중이다

🔊 **입영작 훈련**

우리말만 보고 위의 패턴을 사용해서 영어로 말해 보세요.

❶ 나는 영어 실력을 늘리려고 하는 중이야.

❷ 나는 돈을 현명하게 쓰려고 하는 중이야.

❸ 나는 요즘 건강하게 먹으려고 하는 중이야.

❹ 나는 너무 많이 먹지 않으려고 하는 중이야.

🎯 **패턴 훈련**

패턴이 표시된 영어 문장들을 확인하면서 다시 한번 말해 보세요.

❶ <u>I'm trying to</u> improve my English.

❷ <u>I'm trying to</u> spend money wisely.

❸ <u>I'm trying to</u> eat healthy these days.

❹ <u>I'm trying</u> not <u>to</u> eat too much.

👆 **낭독 훈련**

강세와 끊어 읽기에 유념해서, 다시 한번 소리 내어 읽어 보세요.

❶ I'm **try**ing / to im**prove** my **Eng**lish.

❷ I'm **try**ing / to spend **mo**ney **wise**ly.

❸ I'm **try**ing / to eat **healthy** these **days**.

❹ I'm **try**ing / **not** to **eat** too **much**.

오디오 듣기

/ 끊어 읽기 ● 강세 넣기

47 | *I'm thinking of ~*
~할까 생각 중이다

📢 입영작 훈련

우리말만 보고 위의 패턴을 사용해서 영어로 말해 보세요.

❶ 나는 내일 그녀에게 전화할까 생각 중이야.

❷ 나는 가족 여행을 갈까 생각 중이야.

❸ 나는 피자를 주문할까 생각 중이야.

❹ 나는 그에게 선물을 줄까 생각 중이야.

🎯 패턴 훈련

패턴이 표시된 영어 문장들을 확인하면서 다시 한번 말해 보세요.

❶ **I'm thinking of** calling her tomorrow.

❷ **I'm thinking of** going on a family trip.

❸ **I'm thinking of** ordering a pizza.

❹ **I'm thinking of** giving him a gift.

🗣 낭독 훈련

강세와 끊어 읽기에 유념해서, 다시 한번 소리 내어 읽어 보세요.

❶ I'm **think**ing of / **call**ing her to**mor**row.

❷ I'm **think**ing of / **go**ing on a **fa**mily trip.

❸ I'm **think**ing of / **or**dering a **piz**za.

❹ I'm **think**ing of / **gi**ving him a **gift**.

48 | *I'm willing to ~*
~할 의사가 있다

📢 입영작 훈련

우리말만 보고 위의 패턴을 사용해서 영어로 말해 보세요.

❶ 나는 그것을 스스로 할 의사가 있어.

❷ 나는 다이어트를 할 의사가 있어.

❸ 나는 새로운 취미를 시작할 의사가 있어.

❹ 나는 늘 그렇듯 너를 도울 의사가 있어.

🎯 패턴 훈련

패턴이 표시된 영어 문장들을 확인하면서 다시 한번 말해 보세요.

❶ I'm willing to do it myself.

❷ I'm willing to go on a diet.

❸ I'm willing to start a new hobby.

❹ I'm willing to help you as always.

🎧 낭독 훈련

강세와 끊어 읽기에 유념해서, 다시 한번 소리 내어 읽어 보세요.

❶ I'm **will**ing / to **do** it my**self**.

❷ I'm **will**ing / to **go** on a **diet**.

❸ I'm **will**ing / to **start** a new **hob**by.

❹ I'm **will**ing / to **help** you as **al**ways.

오디오 듣기

입영작 훈련

우리말만 보고 위의 패턴을 사용해서 영어로 말해 보세요.

❶ 내가 그것을 할 수 있을지 잘 모르겠어.

❷ 네가 한국 음식을 좋아하는지 잘 모르겠어.

❸ 그녀가 그것을 좋아했는지 잘 모르겠어.

❹ 그가 그것을 좋아할지 잘 모르겠어.

패턴 훈련

패턴이 표시된 영어 문장들을 확인하면서 다시 한번 말해 보세요.

❶ **I'm not sure if** I can do that.

❷ **I'm not sure if** you like Korean food.

❸ **I'm not sure if** she liked it.

❹ **I'm not sure if** he will like it.

낭독 훈련

강세와 끊어 읽기에 유념해서, 다시 한번 소리 내어 읽어 보세요.

❶ I'm **not** sure / if I can **do** that.

❷ I'm **not** sure / if you **like** Korean food.

❸ I'm **not** sure / if she **liked** it.

❹ I'm **not** sure / if he will **like** it.

50 *Maybe we should ~*
~하는 것이 어떨까 한다

📣 입영작 훈련

우리말만 보고 위의 패턴을 사용해서 영어로 말해 보세요.

❶ 우리 같이 가는 것이 어떨까 해.

❷ 우리 택시를 부르는 것이 어떨까 해.

❸ 우리가 그녀에게 먼저 물어보는 것이 어떨까 해.

❹ 우리 여분을 좀 사 두는 것이 어떨까 해.

🎯 패턴 훈련

패턴이 표시된 영어 문장들을 확인하면서 다시 한번 말해 보세요.

❶ Maybe we should go together.

❷ Maybe we should call a taxi.

❸ Maybe we should ask her first.

❹ Maybe we should get some extras.

🖐 낭독 훈련

강세와 끊어 읽기에 유념해서, 다시 한번 소리 내어 읽어 보세요.

❶ **May**be we should / **go** to**ge**ther.

❷ **May**be we should / **call** a **ta**xi.

❸ **May**be we should / **ask** her **first**.

❹ **May**be we should / **get** some **ex**tras.

Level
2

의문문 패턴 훈련

 입영작 훈련

 패턴 훈련

 낭독 훈련

 대화 훈련

오디오 듣기

끊어 읽기 강세 넣기

01 | *What is ~?*
~은 뭐야?

우리말만 보고 위의 패턴을 사용해서 영어로 말해 보세요.

❶ 이것은 뭐야?

❷ 저것은 뭐야?

❸ 그의 이름은 뭐야?

❹ 너의 전화번호는 뭐야?

❺ 너의 가방 안에 들어 있는 것은 뭐야?

패턴이 표시된 영어 문장들을 확인하면서 다시 한번 말해 보세요.

❶ **What is** this?

❷ **What is** that?

❸ **What is** his name?

❹ **What is** your phone number?

❺ **What is** in your bag?

66 · 영어 초보 탈출

강세와 끊어 읽기에 유념해서, 다시 한번 소리 내어 읽어 보세요.

1 **What** is **this**?

2 **What** is **that**?

3 **What** is his **name**?

4 **What** is your **pho**ne number?

5 **What** is in your **bag**?

대화 훈련

패턴을 활용한 영어 대화를 소리 내어 읽어 보세요.

A **What** is his **name**?

B His **name** is **Ko**mi.

A **That's** a **pret**ty name.

A 그의 이름은 뭐야?
B 그의 이름은 코미야.
A 참 예쁜 이름이네.

02 *What kind of ~?*
어떤 ~을?

📢 입영작 훈련

우리말만 보고 위의 패턴을 사용해서 영어로 말해 보세요.

❶ 너는 어떤 음악을 좋아해?

❷ 너는 어떤 음식을 원해?

❸ 너는 어떤 책을 읽어?

❹ 너는 어떤 게임을 해?

❺ 너는 어떤 장난감을 가지고 있어?

🎯 패턴 훈련

패턴이 표시된 영어 문장들을 확인하면서 다시 한번 말해 보세요.

❶ What kind of music do you like?

❷ What kind of food do you want?

❸ What kind of books do you read?

❹ What kind of games do you play?

❺ What kind of toys do you have?

🎧 낭독 훈련

강세와 끊어 읽기에 유념해서, 다시 한번 소리 내어 읽어 보세요.

❶ **What** kind of **mu**sic **/** do you **like**?

❷ **What** kind of **food /** do you **want**?

❸ **What** kind of **books /** do you **read**?

❹ **What** kind of **games /** do you **play**?

❺ **What** kind of **toys /** do you **have**?

💬 대화 훈련

패턴을 활용한 영어 대화를 소리 내어 읽어 보세요.

🅐 **What** kind of **games /** do you **play**?

🅑 I **like** to **play /** com**pu**ter games.

🅐 **Same** here.

A 너는 어떤 게임을 해?
B 나는 컴퓨터 게임 하는 걸 좋아해.
A 나도 그래.

03 *What's ~ like?*
~은 어때?

우리말만 보고 위의 패턴을 사용해서 영어로 말해 보세요.

① 그것은 어때? (어떤 느낌이야?)

② 맛은 어때?

③ 너의 새 학교는 어때?

④ 너의 담임 선생님은 어때?

⑤ 그의 새 여자친구는 어때?

🎯 패턴 훈련

패턴이 표시된 영어 문장들을 확인하면서 다시 한번 말해 보세요.

① What's it like?

② What's the taste like?

③ What's your new school like?

④ What's your homeroom teacher like?

⑤ What's his new girlfriend like?

강세와 끊어 읽기에 유념해서, 다시 한번 소리 내어 읽어 보세요.

❶ **What's** it **like**?

❷ **What's** the **taste** like?

❸ **What's** your **new** school like?

❹ **What's** your **home**room teacher like?

❺ **What's** his **new gir**lfriend like?

패턴을 활용한 영어 대화를 소리 내어 읽어 보세요.

Ⓐ **What's** your **new** school like?

Ⓑ It's **real**ly big. **/** I'm **get**ting **u**sed to it.

Ⓐ **Sounds** ex**ci**ting!

A 너의 새 학교는 어때?

B 정말 커. 적응하는 중이야.

A 듣기만 해도 멋지다!

04 | *What's your favorite ~?*
가장 좋아하는 ~이 뭐야?

입영작 훈련

우리말만 보고 위의 패턴을 사용해서 영어로 말해 보세요.

❶ 가장 좋아하는 색이 뭐야?

❷ 가장 좋아하는 음식이 뭐야?

❸ 가장 좋아하는 영화가 뭐야?

❹ 가장 좋아하는 노래가 뭐야?

❺ 가장 좋아하는 계절이 뭐야?

패턴 훈련

패턴이 표시된 영어 문장들을 확인하면서 다시 한번 말해 보세요.

❶ What's your favorite color?

❷ What's your favorite food?

❸ What's your favorite movie?

❹ What's your favorite song?

❺ What's your favorite season?

낭독 훈련

강세와 끊어 읽기에 유념해서, 다시 한번 소리 내어 읽어 보세요.

❶ **What's** your **fa**vorite **col**or?

❷ **What's** your **fa**vorite **food**?

❸ **What's** your **fa**vorite **mo**vie?

❹ **What's** your **fa**vorite **song**?

❺ **What's** your **fa**vorite **sea**son?

대화 훈련

패턴을 활용한 영어 대화를 소리 내어 읽어 보세요.

Ⓐ **What's** your **fa**vorite **sea**son?

Ⓑ I **love spring /** because of the **cher**ry **blos**soms.

Ⓐ **Spring** is **bea**utiful. **/** I a**gree**.

A 가장 좋아하는 계절이 뭐야?
B 나는 봄을 좋아하는데 벚꽃 때문이야.
A 봄은 아름답지. 나도 동의해.

05 *What time ~?*
~은 몇 시야?, ~은 몇 시에 해?

 **입영작 훈련**

우리말만 보고 위의 패턴을 사용해서 영어로 말해 보세요.

① 지금 몇 시야?

② 영화는 몇 시야?

③ 기차는 몇 시에 출발해?

④ 학교 수업은 몇 시에 시작해?

⑤ 저녁은 몇 시에 먹을까?

 패턴 훈련

패턴이 표시된 영어 문장들을 확인하면서 다시 한번 말해 보세요.

① What time is it now?

② What time is the movie?

③ What time does the train leave?

④ What time does school start?

⑤ What time should we have dinner?

낭독 훈련

강세와 끊어 읽기에 유념해서, 다시 한번 소리 내어 읽어 보세요.

❶ **What** time **is** it **now**?

❷ **What** time is the **mo**vie?

❸ **What** time does the **train leave**?

❹ **What** time does **school start**?

❺ **What** time should we **have din**ner?

대화 훈련

패턴을 활용한 영어 대화를 소리 내어 읽어 보세요.

Ⓐ **What** time does the **train leave**?

Ⓑ It **leaves** at **6** p.m. **sharp**.

Ⓐ **Great**, we should **get go**ing then.

A 기차는 몇 시에 출발해?
B 오후 6시 정각에 출발해.
A 좋아, 그럼 우리도 출발해야겠네.

06 *When is ~?*
~은 언제야?

 **입영작 훈련**

우리말만 보고 위의 패턴을 사용해서 영어로 말해 보세요.

❶ 네 생일은 언제야?

❷ 네 결혼식은 언제야?

❸ 마감일이 언제야?

❹ 그녀가 오는 때는 언제야?

❺ 네가 쉬는 날은 언제야?

패턴 훈련

패턴이 표시된 영어 문장들을 확인하면서 다시 한번 말해 보세요.

❶ <u>When is</u> your birthday?

❷ <u>When is</u> your wedding?

❸ <u>When is</u> the deadline?

❹ <u>When is</u> she coming?

❺ <u>When is</u> your day off?

강세와 끊어 읽기에 유념해서, 다시 한번 소리 내어 읽어 보세요.

① **When** is your **birth**day?

② **When** is your **wed**ding?

③ **When** is the **dead**line?

④ **When** is she **co**ming?

⑤ **When** is your day **off**?

패턴을 활용한 영어 대화를 소리 내어 읽어 보세요.

Ⓐ **When** is your **birth**day?

Ⓑ It's **A**pril **15th**.

Ⓐ **Oh, /** it's coming **up soon**!

A 네 생일은 언제야?

B 4월 15일이야.

A 아, 곧 다가오네!

오디오 듣기

 / 끊어 읽기 ● 강세 넣기

07 | *When are you planning to ~?*
언제 ~할 계획이야?

 입영작 훈련

우리말만 보고 위의 패턴을 사용해서 영어로 말해 보세요.

❶ 언제 점심 먹을 계획이야?

❷ 언제 너희 엄마에게 말할 계획이야?

❸ 언제 그를 만날 계획이야?

❹ 언제 결혼할 계획이야?

❺ 언제 운동을 시작할 계획이야?

 패턴 훈련

패턴이 표시된 영어 문장들을 확인하면서 다시 한번 말해 보세요.

❶ When are you planning to eat lunch?

❷ When are you planning to tell your mom?

❸ When are you planning to meet him?

❹ When are you planning to get married?

❺ When are you planning to start exercising?

강세와 끊어 읽기에 유념해서, 다시 한번 소리 내어 읽어 보세요.

❶ **When** are you **plan**ning to **eat lunch**?

❷ **When** are you **plan**ning to **tell** your **mom**?

❸ **When** are you **plan**ning to **meet** him?

❹ **When** are you **plan**ning to get **mar**ried?

❺ **When** are you **plan**ning to s**tart ex**ercising?

패턴을 활용한 영어 대화를 소리 내어 읽어 보세요.

Ⓐ **When** are you **plan**ning to s**tart ex**ercising?

Ⓑ I'm **thinking** of **start**ing / next **month**.

Ⓐ You **al**ways **say** that.

A 언제 운동을 시작할 계획이야?
B 다음 달부터 시작할 생각이야.
A 너는 항상 말만 그렇게 하잖아.

오디오 듣기

끊어 읽기　　강세 넣기

08 *When will you ~?*
언제 ~할 거야?

 **입영작 훈련**

우리말만 보고 위의 패턴을 사용해서 영어로 말해 보세요.

❶ 언제 출발할 거야?

❷ 언제 나에게 말해 줄 거야?

❸ 언제 나에게 전화할 거야?

❹ 언제 집에 올 거야?

❺ 언제 나에게 돈 갚을 거야?

 패턴 훈련

패턴이 표시된 영어 문장들을 확인하면서 다시 한번 말해 보세요.

❶ When will you leave?

❷ When will you tell me?

❸ When will you call me?

❹ When will you come home?

❺ When will you pay me back?

강세와 끊어 읽기에 유념해서, 다시 한번 소리 내어 읽어 보세요.

❶ **When** will you **leave**?

❷ **When** will you **tell** me?

❸ **When** will you **call** me?

❹ **When** will you **come home**?

❺ **When** will you **pay** me **back**?

패턴을 활용한 영어 대화를 소리 내어 읽어 보세요.

Ⓐ **When** will you **come home**?

Ⓑ I should be **back** / by **8** p.m.

Ⓐ O**kay**, / I'll **wait** / and have **din**ner with you.

A 언제 집에 올 거야?

B 8시쯤에는 귀가할 거야.

A 알았어, 그럼 기다렸다가 저녁은 너랑 같이 먹을게.

오디오 듣기

09 *When can I ~?*
내가 언제 ~하면 돼?, 내가 언제 ~할 수 있을까?

입영작 훈련

우리말만 보고 위의 패턴을 사용해서 영어로 말해 보세요.

1 내가 언제 너에게 전화하면 돼?

2 내가 언제 너를 찾아가면 돼?

3 내가 언제 일을 시작하면 돼?

4 내가 언제 그 결과를 알 수 있을까?

5 내가 언제 배달을 받을 수 있을까?

패턴 훈련

패턴이 표시된 영어 문장들을 확인하면서 다시 한번 말해 보세요.

1 When can I call you?

2 When can I visit you?

3 When can I start working?

4 When can I know the results?

5 When can I get the delivery?

강세와 끊어 읽기에 유념해서, 다시 한번 소리 내어 읽어 보세요.

① **When** can I **call** you?

② **When** can I **vi**sit you?

③ **When** can I **start work**ing?

④ **When** can I **know** the re**sults**?

⑤ **When** can I **get** the de**li**very?

패턴을 활용한 영어 대화를 소리 내어 읽어 보세요.

Ⓐ **When** can I **call** you?

Ⓑ **How** about after **lunch**? **/** I'll be **free** then.

Ⓐ **Sounds** good. I'll **call** you **then**.

A 내가 언제 너에게 전화하면 돼?
B 점심 먹고 나서 어때? 그때는 시간 있을 거야.
A 좋아. 그때 전화할게.

오디오 듣기

끊어 읽기 ● 강세 넣기

10 *When did you ~?*
언제 ~했어?

입영작 훈련

우리말만 보고 위의 패턴을 사용해서 영어로 말해 보세요.

❶ 언제 그녀와 이야기했어?

❷ 언제 그를 봤어?

❸ 언제 그들을 만났어?

❹ 언제 이걸 만들었어?

❺ 언제 운전을 시작했어?

패턴 훈련

패턴이 표시된 영어 문장들을 확인하면서 다시 한번 말해 보세요.

❶ When did you talk to her?

❷ When did you see him?

❸ When did you meet them?

❹ When did you make this?

❺ When did you start driving?

낭독 훈련

강세와 끊어 읽기에 유념해서, 다시 한번 소리 내어 읽어 보세요.

❶ **When** did you **talk** to her?

❷ **When** did you **see** him?

❸ **When** did you **meet** them?

❹ **When** did you **make** this?

❺ **When** did you **start dri**ving?

대화 훈련

패턴을 활용한 영어 대화를 소리 내어 읽어 보세요.

Ⓐ **When** did you **make** this?

Ⓑ I **made** it **last night**, **ac**tually.

Ⓐ It's **real**ly im**pres**sive!

A 언제 이걸 만들었어?

B 사실, 어젯밤에 만들었어.

A 정말 잘 만들었는데!

11 | *Where is ~?*
~은 어디에 있어?

 입영작 훈련

우리말만 보고 위의 패턴을 사용해서 영어로 말해 보세요.

❶ 화장실은 어디에 있어?

❷ 너의 차는 어디에 있어?

❸ 너의 가방은 어디에 있어?

❹ 너희 집은 어디에 있어?

❺ 가장 가까운 지하철 역은 어디에 있어?

 패턴 훈련

패턴이 표시된 영어 문장들을 확인하면서 다시 한번 말해 보세요.

❶ Where is the restroom?

❷ Where is your car?

❸ Where is your bag?

❹ Where is your house?

❺ Where is the nearest subway station?

강세와 끊어 읽기에 유념해서, 다시 한번 소리 내어 읽어 보세요.

① **Where** is the **rest**room?

② **Where** is your **car**?

③ **Where** is your **bag**?

④ **Where** is your **house**?

⑤ **Where** is the **near**est **sub**way station?

대화 훈련

패턴을 활용한 영어 대화를 소리 내어 읽어 보세요.

A Ex**cu**se me, **/ where** is the **rest**room?

B It's **down** the **hall / to** the **right**.

A **Thank** you so **much**!

A 실례합니다, 화장실은 어디에 있나요?
B 복도를 따라 오른쪽으로 가면 있어요.
A 정말 감사합니다!

12 | *Who is ~?*
~은 누구야?

 **입영작 훈련**

우리말만 보고 위의 패턴을 사용해서 영어로 말해 보세요.

❶ 그가 전화 걸고 있는 사람은 누구야?

❷ 이긴 사람은 누구야?

❸ 저기 저 사람은 누구야?

❹ 이 책의 저자는 누구야?

❺ 그녀가 결혼한 사람은 누구야?

 패턴 훈련

패턴이 표시된 영어 문장들을 확인하면서 다시 한번 말해 보세요.

❶ Who is he calling?

❷ Who is the winner?

❸ Who is that person over there?

❹ Who is the author of this book?

❺ Who is she married to?

강세와 끊어 읽기에 유념해서, 다시 한번 소리 내어 읽어 보세요.

1 **Who** is he **call**ing?

2 **Who** is the **win**ner?

3 **Who** is that **per**son over there?

4 **Who** is the **au**thor of this **book**?

5 **Who** is she **mar**ried to?

대화 훈련

패턴을 활용한 영어 대화를 소리 내어 읽어 보세요.

A **Who** is that **per**son over there?

B Oh, **that's** our **new col**league, **/** **A**lex.

A Let's **go** and say hel**lo then**.

A 저기 저 사람은 누구야?
B 아, 저 사람은 우리 새 동료, 알렉스야.
A 그럼 가서 인사를 건네자.

13 | *Who says ~?*

누가 ~라고 했어?

 **입영작 훈련**

우리말만 보고 위의 패턴을 사용해서 영어로 말해 보세요.

❶ 누가 그게 괜찮다고 했어?

❷ 누가 너에게 가도 된다고 했어?

❸ 누가 네가 못 할 거라고 했어?

❹ 누가 이게 싸다고 했어?

❺ 누가 내가 숙제 안 했다고 했어?

 패턴 훈련

패턴이 표시된 영어 문장들을 확인하면서 다시 한번 말해 보세요.

❶ Who says it's okay?

❷ Who says you can go?

❸ Who says you can't do it?

❹ Who says this is cheap?

❺ Who says I didn't do my homework?

강세와 끊어 읽기에 유념해서, 다시 한번 소리 내어 읽어 보세요.

❶ **Who** says it's o**kay**?

❷ **Who** says you can **go**?

❸ **Who** says you **can't do** it?

❹ **Who** says **this** is **cheap**?

❺ **Who** says I **didn't** do my **home**work?

대화 훈련

패턴을 활용한 영어 대화를 소리 내어 읽어 보세요.

Ⓐ **Who** says you **can't do** it?

Ⓑ **Peo**ple around me, **/** but I **don't lis**ten to them.

Ⓐ **Good** for you! **/** Be**lieve** in your**self**!

A 누가 네가 못 할 거라고 했어?
B 내 주변 사람들이 그랬지만, 난 그들 말 안 들어.
A 잘하는 거야! 네 자신을 믿어!

오디오 듣기

끊어 읽기 ● 강세 넣기

14 | Why is ~?
왜 ~한 거야?

입영작 훈련

우리말만 보고 위의 패턴을 사용해서 영어로 말해 보세요.

1 그녀는 왜 화가 난 거야?

2 그는 왜 여기 없는 거야?

3 왜 이렇게 더운 거야?

4 그는 왜 이렇게 졸려 하는 거야?

5 그녀는 왜 공부를 안 하는 거야?

패턴 훈련

패턴이 표시된 영어 문장들을 확인하면서 다시 한번 말해 보세요.

1 <u>Why is</u> she mad?

2 <u>Why is</u> he not here?

3 <u>Why is</u> it so hot?

4 <u>Why is</u> he so sleepy?

5 <u>Why is</u> she not studying?

강세와 끊어 읽기에 유념해서, 다시 한번 소리 내어 읽어 보세요.

① **Why** is she **mad**?

② **Why** is he **not** here?

③ **Why** is it so **hot**?

④ **Why** is he so **sleepy**?

⑤ **Why** is she **not stu**dying?

대화 훈련

패턴을 활용한 영어 대화를 소리 내어 읽어 보세요.

Ⓐ **Why** is he so **sleepy**?

Ⓑ He stayed **up late / stu**dying.

Ⓐ Ah, I **see**.

A 그는 왜 이렇게 졸려 하는 거야?

B 공부하느라고 밤늦게까지 깨어 있었대.

A 아, 그렇구나.

오디오 듣기

 ⟋ 끊어 읽기 ● 강세 넣기

15 | *Why are you ~?*
너는 왜 ~하고 있어?, 너는 왜 ~한 상태야?

 입영작 훈련

우리말만 보고 위의 패턴을 사용해서 영어로 말해 보세요.

❶ 너는 왜 웃고 있어?

❷ 너는 왜 군것질을 하고 있어?

❸ 너는 왜 안 먹고 있어?

❹ 너는 왜 화났어?

❺ 너는 왜 나한테 화났어?

 패턴 훈련

패턴이 표시된 영어 문장들을 확인하면서 다시 한번 말해 보세요.

❶ Why are you smiling?

❷ Why are you eating snacks?

❸ Why are you not eating?

❹ Why are you mad?

❺ Why are you angry with me?

강세와 끊어 읽기에 유념해서, 다시 한번 소리 내어 읽어 보세요.

① **Why** are you **smi**ling?

② **Why** are you **eat**ing **snacks**?

③ **Why** are you **not eat**ing?

④ **Why** are you **mad**?

⑤ **Why** are you **an**gry with me?

패턴을 활용한 영어 대화를 소리 내어 읽어 보세요.

A **Why** are you **not eat**ing?

B I'm **not** really **hun**gry **/ right** now.

A **Al**right, **/** but **don't** skip **meals**!

A 너는 왜 안 먹고 있어?
B 지금은 별로 배고프지 않아서.
A 알겠어, 그래도 식사를 거르지는 마!

끊어 읽기 ● 강세 넣기

16 | *Why don't we ~?*
~하는 게 어때?

우리말만 보고 위의 패턴을 사용해서 영어로 말해 보세요.

❶ 시작하는 게 어때?

❷ 그들에게 물어보는 게 어때?

❸ 같이 점심 먹으러 나가는 게 어때?

❹ 점심 먹고 산책하러 가는 게 어때?

❺ 조만간 얼굴 한번 보는 게 어때?

 패턴 훈련

패턴이 표시된 영어 문장들을 확인하면서 다시 한번 말해 보세요.

❶ <u>Why don't we</u> get started?

❷ <u>Why don't we</u> ask them?

❸ <u>Why don't we</u> go out for lunch together?

❹ <u>Why don't we</u> go for a walk after lunch?

❺ <u>Why don't we</u> touch base soon?

96 • 영어 초보 탈출

강세와 끊어 읽기에 유념해서, 다시 한번 소리 내어 읽어 보세요.

❶ Why don't we **get start**ed?

❷ Why don't we **ask** them?

❸ Why don't we go **out** for **lunch** to**ge**ther?

❹ Why don't we **go** for a **walk / after lunch**?

❺ Why don't we touch **base soon**?

패턴을 활용한 영어 대화를 소리 내어 읽어 보세요.

Ⓐ Why don't we touch **base soon**?

Ⓑ That sounds like a **great** i**dea**!

Ⓐ It has been **quite** a **while, / hasn't** it?

A 조만간 얼굴 한번 보는 게 어때?
B 좋은 생각 같아!
A 얼굴 본 지 꽤 되었어. 안 그래?

오디오 듣기

17 | Why can't you ~?
왜 ~하지 못해?

🔊 입영작 훈련

우리말만 보고 위의 패턴을 사용해서 영어로 말해 보세요.

❶ 왜 나를 믿지 못해?

❷ 왜 이걸 혼자 하지 못해?

❸ 왜 우리와 같이 가지 못해?

❹ 왜 더 일찍 오지 못해?

❺ 왜 내 상황을 이해하지 못해?

🎯 패턴 훈련

패턴이 표시된 영어 문장들을 확인하면서 다시 한번 말해 보세요.

❶ Why can't you believe me?

❷ Why can't you do it by yourself?

❸ Why can't you come with us?

❹ Why can't you come earlier?

❺ Why can't you understand my situation?

낭독 훈련

강세와 끊어 읽기에 유념해서, 다시 한번 소리 내어 읽어 보세요.

❶ **Why** can't you be**lieve** me?

❷ **Why** can't you **do** it by your**self**?

❸ **Why** can't you **come** with us?

❹ **Why** can't you **come ear**lier?

❺ **Why** can't you under**stand** my situ**a**tion?

대화 훈련

패턴을 활용한 영어 대화를 소리 내어 읽어 보세요.

Ⓐ I did **every**thing I could.

Ⓑ **Real**ly? / I **doubt** that.

Ⓐ **Why** can't you be**lieve** me?

A 난 할 수 있는 걸 다 했어.
B 정말? 나는 의심이 되는걸.
A 왜 나를 믿지 못해?

오디오 듣기

끊어 읽기　　강세 넣기

18 *Why do I have to ~?*
내가 왜 ~해야 해?

 입영작 훈련

우리말만 보고 위의 패턴을 사용해서 영어로 말해 보세요.

1 내가 왜 집에 있어야 해?

2 내가 왜 너에게 또 이야기해야 해?

3 내가 왜 먼저 미안하다고 말해야 해?

4 내가 왜 모든 집안일을 다 해야 해?

5 내가 왜 이걸 직접 해야 해?

 패턴 훈련

패턴이 표시된 영어 문장들을 확인하면서 다시 한번 말해 보세요.

1 Why do I have to stay at home?

2 Why do I have to tell you again?

3 Why do I have to say I'm sorry first?

4 Why do I have to do all the housework?

5 Why do I have to do this myself?

강세와 끊어 읽기에 유념해서, 다시 한번 소리 내어 읽어 보세요.

❶ **Why** do I have to **stay** at **home**?

❷ **Why** do I have to **tell** you a**gain**?

❸ **Why** do I have to **say** / I'm **sor**ry **first**?

❹ **Why** do I have to **do** / **all** the **house**work?

❺ **Why** do I have to **do** this my**self**?

패턴을 활용한 영어 대화를 소리 내어 읽어 보세요.

Ⓐ **Why** do I have to **say** / I'm **sor**ry **first**?

Ⓑ Because **that's** the **right** thing to **do**.

Ⓐ But I **don't** think / I **did** anything **wrong**.

A 내가 왜 먼저 미안하다고 말해야 해?

B 그렇게 하는 것이 올바른 일이니까.

A 하지만 나는 내가 뭘 잘못했다고 생각하지 않아.

오디오 듣기

 끊어 읽기 ● 강세 넣기

19 | *How is ~?*
~은 어때?

🔊 입영작 훈련

우리말만 보고 위의 패턴을 사용해서 영어로 말해 보세요.

❶ 너의 새로운 선생님은 어때?

❷ 이 색상은 어때?

❸ 나 머리 새로 자른 거 어때?

❹ 너의 새 영어 수업은 어때?

❺ 새로 옮긴 회사에서의 일은 어때?

🎯 패턴 훈련

패턴이 표시된 영어 문장들을 확인하면서 다시 한번 말해 보세요.

❶ How is your new teacher?

❷ How is this color?

❸ How is my new haircut?

❹ How is your new English class?

❺ How is your work at the new company?

강세와 끊어 읽기에 유념해서, 다시 한번 소리 내어 읽어 보세요.

❶ How is your **new teach**er?

❷ How is this **co**lor?

❸ How is my **new hair**cut?

❹ How is your **new Eng**lish class?

❺ How is your **work** at the **new com**pany?

패턴을 활용한 영어 대화를 소리 내어 읽어 보세요.

A **How** is my **new hair**cut?

B **Wow**, you look fan**tas**tic!

A **Real**ly? / You're **not** just **say**ing that, / **are** you?

A 나 머리 새로 자른 거 어때?
B 와, 정말 멋있어 보여!
A 정말? 그냥 하는 말 아니지, 그렇지?

 끊어 읽기 ● 강세 넣기

20 | *How do I ~?*
~하려면 어떻게 해야 해?, 어떻게 ~해?

입영작 훈련

우리말만 보고 위의 패턴을 사용해서 영어로 말해 보세요.

❶ 공항에 가려면 어떻게 해야 해?

❷ 그를 기쁘게 만들려면 어떻게 해야 해?

❸ 거기에 가려면 어떻게 해야 해?

❹ 할인을 받으려면 어떻게 해야 해?

❺ 내가 그걸 어떻게 알아?

 패턴 훈련

패턴이 표시된 영어 문장들을 확인하면서 다시 한번 말해 보세요.

❶ How do I get to the airport?

❷ How do I make him happy?

❸ How do I get there?

❹ How do I get a discount?

❺ How do I know that?

강세와 끊어 읽기에 유념해서, 다시 한번 소리 내어 읽어 보세요.

① **How** do I **get** to the **air**port?

② **How** do I **make** him **hap**py?

③ **How** do I **get** there?

④ **How** do I **get** a **dis**count?

⑤ **How** do I **know** that?

💬 대화 훈련

패턴을 활용한 영어 대화를 소리 내어 읽어 보세요.

Ⓐ **How** do I **get** there?

Ⓑ **Just** go **straight** and **then** / turn **left** at the **cor**ner.

Ⓐ **Got** it, **/ thanks**!

A 거기에 가려면 어떻게 해야 해?

B 여기서 직진하다가 모퉁이에서 왼쪽으로 꺾어.

A 알겠어, 고마워!

21 *How much ~?*
얼마나 ~해?

 입영작 훈련

우리말만 보고 위의 패턴을 사용해서 영어로 말해 보세요.

❶ 그건 가격이 얼마나 해?

❷ 그건 가격이 얼마나 했어?

❸ 너는(돈이) 얼마나 필요해?

❹ 너는 물을 얼마나 마셨어?

❺ 너는 돈을 얼마나 갖고 있어?

 패턴 훈련

패턴이 표시된 영어 문장들을 확인하면서 다시 한번 말해 보세요.

❶ <u>How much</u> is it?

❷ <u>How much</u> was it?

❸ <u>How much</u> do you need?

❹ <u>How much</u> water did you drink?

❺ <u>How much</u> money do you have?

낭독 훈련

강세와 끊어 읽기에 유념해서, 다시 한번 소리 내어 읽어 보세요.

❶ **How** much **is** it?

❷ **How** much **was** it?

❸ **How** much do you **need**?

❹ **How** much **wa**ter did you **drink**?

❺ **How** much **mo**ney do you **have**?

대화 훈련

패턴을 활용한 영어 대화를 소리 내어 읽어 보세요.

Ⓐ **How** much do you **need**?

Ⓑ Just **ten** dollars / to **get** some **food**.

Ⓐ O**kay**, / **here** you **go**.

A 돈이 얼마나 필요해?
B 먹을 것 좀 사려고 해서 10달러만 있으면 돼.
A 알았어, 여기 있어.

 오디오 듣기

 ⟋ 끊어 읽기 ● 강세 넣기

22 | *How many ~?*
~은 몇 개(몇 명) 있어?

 입영작 훈련

우리말만 보고 위의 패턴을 사용해서 영어로 말해 보세요.

1 너는 가방이 몇 개 있어?

2 너는 아이가 몇 명 있어?

3 거기에 사람들은 몇 명 있어?

4 사람들은 몇 명이 와?

5 너는 친한 친구가 몇 명 있어?

 패턴 훈련

패턴이 표시된 영어 문장들을 확인하면서 다시 한번 말해 보세요.

1 How many bags do you have?

2 How many kids do you have?

3 How many people are there?

4 How many people are coming?

5 How many close friends do you have?

낭독 훈련

강세와 끊어 읽기에 유념해서, 다시 한번 소리 내어 읽어 보세요.

❶ **How** many **bags** do you **have**?

❷ **How** many **kids** do you **have**?

❸ **How** many **peo**ple **are** there?

❹ **How** many **peo**ple are **co**ming?

❺ **How** many **close fri**ends do you **have**?

대화 훈련

패턴을 활용한 영어 대화를 소리 내어 읽어 보세요.

Ⓐ **How** many **kids** do you **have**?

Ⓑ I have **two**, / a **boy** and a **girl**.

Ⓐ **That's** nice! / How **old** are they?

A 너는 아이가 몇 명 있어?
B 두 명 있어. 아들 하나, 딸 하나.
A 좋네! 몇 살이야?

오디오 듣기

 ⓘ 끊어 읽기 ● 강세 넣기

23 *How long have you ~?*
~한 지는 얼마나 됐어?

 입영작 훈련

우리말만 보고 위의 패턴을 사용해서 영어로 말해 보세요.

① 여기서 산 지는 얼마나 됐어?

② 여기서 일한 지는 얼마나 됐어?

③ 그녀를 알고 지낸 지는 얼마나 됐어?

④ 영어를 공부한 지는 얼마나 됐어?

⑤ 이 휴대폰을 쓴 지는 얼마나 됐어?

 패턴 훈련

패턴이 표시된 영어 문장들을 확인하면서 다시 한번 말해 보세요.

① How long have you lived here?

② How long have you worked here?

③ How long have you known her?

④ How long have you studied English?

⑤ How long have you had this phone?

강세와 끊어 읽기에 유념해서, 다시 한번 소리 내어 읽어 보세요.

1 **How** long have you **lived** here?

2 **How** long have you **work**ed here?

3 **How** long have you **known** her?

4 **How** long have you **stu**died **Eng**lish?

5 **How** long have you **had** this **phone**?

대화 훈련

패턴을 활용한 영어 대화를 소리 내어 읽어 보세요.

A **How** long have you **lived** here?

B I **guess** for about **10** years **now**.

A **Wow, /** that's **quite** a **while**!

A 여기서 산 지는 얼마나 됐어?
B 이제 10년 정도 된 것 같아.
A 와, 꽤 오랜 시간이네!

오디오 듣기

끊어 읽기 ● 강세 넣기

24 *How often do you ~?*
얼마나 자주 ~해?

 **입영작 훈련**

우리말만 보고 위의 패턴을 사용해서 영어로 말해 보세요.

❶ 얼마나 자주 외식을 해?

❷ 얼마나 자주 운동을 해?

❸ 얼마나 자주 그를 만나?

❹ 얼마나 자주 여행을 가?

❺ 얼마나 자주 새로운 신발을 사?

 패턴 훈련

패턴이 표시된 영어 문장들을 확인하면서 다시 한번 말해 보세요.

❶ <u>How often do you</u> eat out?

❷ <u>How often do you</u> work out?

❸ <u>How often do you</u> see him?

❹ <u>How often do you</u> go on a trip?

❺ <u>How often do you</u> buy new shoes?

강세와 끊어 읽기에 유념해서, 다시 한번 소리 내어 읽어 보세요.

❶ How often do you eat **out**?

❷ How often do you work **out**?

❸ How often do you **see** him?

❹ How often do you **go** on a **trip**?

❺ How often do you **buy** new **shoes**?

대화 훈련

패턴을 활용한 영어 대화를 소리 내어 읽어 보세요.

Ⓐ How often do you eat **out**?

Ⓑ Usually about **twice** a **week**.

Ⓐ Nice, do you **have** any **fa**vorite places?

A 얼마나 자주 외식을 해?
B 보통 일주일에 두 번 정도 해.
A 좋네, 특별히 좋아하는 식당들이 있어?

25 Do you know ~?
~을 알아?

 입영작 훈련

우리말만 보고 위의 패턴을 사용해서 영어로 말해 보세요.

1 그를 잘 알아?

2 그녀가 몇 살인지를 알아?

3 오늘이 무슨 요일인지를 알아?

4 그녀가 어디에서 일하는지를 알아?

5 이 노래의 제목을 알아?

 패턴 훈련

패턴이 표시된 영어 문장들을 확인하면서 다시 한번 말해 보세요.

1 Do you know him well?

2 Do you know how old she is?

3 Do you know what day it is?

4 Do you know where she works?

5 Do you know the title of this song?

강세와 끊어 읽기에 유념해서, 다시 한번 소리 내어 읽어 보세요.

1 Do you **know** him **well**?

2 Do you **know** / how **old** she is?

3 Do you **know** / what **day** it is?

4 Do you **know** / where she **works**?

5 Do you **know** / the **ti**tle of this **song**?

대화 훈련

패턴을 활용한 영어 대화를 소리 내어 읽어 보세요.

A Do you **know** him **well**?

B Yes, we **met** in **col**lege.

A Oh, you've **known** each other / for a **long** time then!

A 그를 잘 알아?
B 응, 대학 때 만났어.
A 아, 그렇다면 서로 오래 알고 지냈네!

오디오 듣기

끊어 읽기 ● 강세 넣기

26 *Do you have ~?*
~ 있어?

 입영작 훈련

우리말만 보고 위의 패턴을 사용해서 영어로 말해 보세요.

❶ 질문 있어?

❷ 알레르기 있어?

❸ 안 쓰는 펜 있어?

❹ 이번 주말에 계획 있어?

❺ 추천할 만한 책 있어?

 패턴 훈련

패턴이 표시된 영어 문장들을 확인하면서 다시 한번 말해 보세요.

❶ Do you have any questions?

❷ Do you have any allergies?

❸ Do you have a spare pen?

❹ Do you have any plans for this weekend?

❺ Do you have any book recommendations?

낭독 훈련

강세와 끊어 읽기에 유념해서, 다시 한번 소리 내어 읽어 보세요.

❶ Do you **have** any **ques**tions?

❷ Do you **have** any **al**lergies?

❸ Do you **have** a **spare pen**?

❹ Do you **have** any **plans /** for this **week**end?

❺ Do you **have** any **book** recommen**da**tions?

대화 훈련

패턴을 활용한 영어 대화를 소리 내어 읽어 보세요.

A Do you **have** any **ques**tions?

B **Yes**, I have **se**veral **ques**tions.

A **Sure, /** go a**head**.

A 질문 있어?
B 응, 질문이 몇 개 있어.
A 좋아, 물어봐.

27 | *Do you think ~?*
~라고 생각해?

 **입영작 훈련**

우리말만 보고 위의 패턴을 사용해서 영어로 말해 보세요.

❶ 이게 비싸다고 생각해?

❷ 이 노래가 좋다고 생각해?

❸ 이 책이 지루하다고 생각해?

❹ 내가 그녀에게 말해야 한다고 생각해?

❺ 내가 엄마에게 물어봐야 한다고 생각해?

 패턴 훈련

패턴이 표시된 영어 문장들을 확인하면서 다시 한번 말해 보세요.

❶ <u>Do you think</u> this is expensive?

❷ <u>Do you think</u> this song is good?

❸ <u>Do you think</u> this book is boring?

❹ <u>Do you think</u> I should tell her?

❺ <u>Do you think</u> I should ask my mom?

강세와 끊어 읽기에 유념해서, 다시 한번 소리 내어 읽어 보세요.

❶ Do you **think / this** is ex**pen**sive?

❷ Do you **think /** this **song** is **good**?

❸ Do you **think /** this **book** is **bo**ring?

❹ Do you **think /** I should **tell** her?

❺ Do you **think /** I should **ask** my **mom**?

패턴을 활용한 영어 대화를 소리 내어 읽어 보세요.

Ⓐ Do you **think / this** is ex**pen**sive?

Ⓑ It de**pends** on your **bud**get.

Ⓐ **That's** true.

A 이게 비싸다고 생각해?
B 너의 예산에 따라 다르겠지.
A 그 말이 맞네.

오디오 듣기

28 | *Do you feel ~?*
~라고 느껴? (상태, 기분을 묻는 표현)

📢 입영작 훈련

우리말만 보고 위의 패턴을 사용해서 영어로 말해 보세요.

❶ 어디 아파?

❷ 피곤해?

❸ 추워?

❹ 긴장돼?

❺ 오늘은 몸이 조금 나은 것 같아?

🎯 패턴 훈련

패턴이 표시된 영어 문장들을 확인하면서 다시 한번 말해 보세요.

❶ Do you feel sick?

❷ Do you feel tired?

❸ Do you feel cold?

❹ Do you feel nervous?

❺ Do you feel a little better today?

낭독 훈련

강세와 끊어 읽기에 유념해서, 다시 한번 소리 내어 읽어 보세요.

❶ Do you **feel sick**?

❷ Do you **feel tired**?

❸ Do you **feel cold**?

❹ Do you **feel ner**vous?

❺ Do you **feel** a little **bet**ter to**day**?

대화 훈련

패턴을 활용한 영어 대화를 소리 내어 읽어 보세요.

Ⓐ Do you **feel tired**?

Ⓑ **Yes**, a **lit**tle bit. **/** It's **been** a **long** day.

Ⓐ You should **get** some **rest** then.

A 피곤해?
B 응, 조금 피곤해. 고된 하루였어.
A 그럼 좀 쉬어.

오디오 듣기

 ⬤ 끊어 읽기 ⬤ 강세 넣기

29 *Do you usually ~?*
주로 ~하니?

 입영작 훈련

우리말만 보고 위의 패턴을 사용해서 영어로 말해 보세요.

❶ 주로 아침 식사를 하니?

❷ 주로 많이 먹니?

❸ 주로 일찍 일어나니?

❹ 주로 밤늦게까지 깨어 있니?

❺ 주로 매일 운동을 하니?

 패턴 훈련

패턴이 표시된 영어 문장들을 확인하면서 다시 한번 말해 보세요.

❶ <u>Do you usually</u> eat breakfast?

❷ <u>Do you usually</u> eat a lot?

❸ <u>Do you usually</u> get up early?

❹ <u>Do you usually</u> stay up late?

❺ <u>Do you usually</u> work out every day?

강세와 끊어 읽기에 유념해서, 다시 한번 소리 내어 읽어 보세요.

❶ Do you **u**sually **eat break**fast?

❷ Do you **u**sually **eat** a **lot**?

❸ Do you **u**sually get **up ear**ly?

❹ Do you **u**sually stay **up late**?

❺ Do you **u**sually work **out** every **day**?

대화 훈련

패턴을 활용한 영어 대화를 소리 내어 읽어 보세요.

Ⓐ Do you **u**sually get **up ear**ly?

Ⓑ **Yes**, I **like** to **start** my day **ear**ly.

Ⓐ **Good** for you.

A 주로 일찍 일어나니?
B 응, 나는 하루를 일찍 시작하는 것을 좋아해.
A 멋지네.

30 | *Do you mean ~?*
~하다는 말이야?

입영작 훈련

우리말만 보고 위의 패턴을 사용해서 영어로 말해 보세요.

❶ 너는 못 간다는 말이야?

❷ 내가 기다려야 한다는 말이야?

❸ 그게 품절되었다는 말이야?

❹ 내가 포기해야 한다는 말이야?

❺ 너는 그게 필요 없다는 말이야?

패턴 훈련

패턴이 표시된 영어 문장들을 확인하면서 다시 한번 말해 보세요.

❶ <u>Do you mean</u> you can't go?

❷ <u>Do you mean</u> I have to wait?

❸ <u>Do you mean</u> it's sold out?

❹ <u>Do you mean</u> I should give up?

❺ <u>Do you mean</u> you don't need it?

강세와 끊어 읽기에 유념해서, 다시 한번 소리 내어 읽어 보세요.

❶ Do you **mean / ** you **can't** go?

❷ Do you **mean / ** I have to **wait**?

❸ Do you **mean / ** it's sold **out**?

❹ Do you **mean / ** I should give **up**?

❺ Do you **mean / ** you **don't need** it?

패턴을 활용한 영어 대화를 소리 내어 읽어 보세요.

Ⓐ Do you **mean / ** you **don't need** it?

Ⓑ **No**, I **need** it, **/ ** but **not right** away.

Ⓐ O**kay**, I under**stand**.

A 너는 그게 필요 없다는 말이야?

B 아니, 필요해. 그런데 지금 당장은 아니야.

A 아, 이해했어.

오디오 듣기

끊어 읽기 강세 넣기

31 | *Can you ~? / Could you ~?*
~할 수 있어? / ~해 줄 수 있나요?

 입영작 훈련

우리말만 보고 위의 패턴을 사용해서 영어로 말해 보세요.

❶ 운전할 수 있어? (면허 있어?)

❷ 이따가 나한테 다시 알려 줄 수 있어?

❸ 거기에서 나를 만날 수 있어?

❹ 저를 좀 도와줄 수 있나요?

❺ 조금 더 크게 말해 줄 수 있나요?

🎯 패턴 훈련

패턴이 표시된 영어 문장들을 확인하면서 다시 한번 말해 보세요.

❶ Can you drive?

❷ Can you remind me later?

❸ Can you meet me there?

❹ Could you help me a little?

❺ Could you speak a little louder?

126 · 영어 초보 탈출

낭독 훈련

강세와 끊어 읽기에 유념해서, 다시 한번 소리 내어 읽어 보세요.

❶ Can you **drive**?

❷ Can you re**mind** me **la**ter?

❸ Can you **meet** me there?

❹ Could you **help** me a **lit**tle?

❺ Could you **speak** a **lit**tle **loud**er?

대화 훈련

패턴을 활용한 영어 대화를 소리 내어 읽어 보세요.

Ⓐ Could you **help** me a **lit**tle?

Ⓑ Of **course**, **/ what** can I **do** for you?

Ⓐ I **need help / mo**ving some **fur**niture.

A 저를 좀 도와줄 수 있나요?

B 물론이죠. 어떻게 도와드리면 될까요?

A 가구를 옮기는 데 도움이 좀 필요해요.

32 | *Would you like to ~?*
~할 생각 있어요?

 입영작 훈련

우리말만 보고 위의 패턴을 사용해서 영어로 말해 보세요.

1 산책하러 갈 생각 있어요?

2 이 책을 읽어 볼 생각 있어요?

3 우리와 함께 저녁 먹을 생각 있어요?

4 같이 점심 먹을 생각 있어요?

5 이번 주말에 영화 볼 생각 있어요?

🎯 패턴 훈련

패턴이 표시된 영어 문장들을 확인하면서 다시 한번 말해 보세요.

1 Would you like to go for a walk?

2 Would you like to read this book?

3 Would you like to have dinner with us?

4 Would you like to have lunch together?

5 Would you like to see a movie this weekend?

강세와 끊어 읽기에 유념해서, 다시 한번 소리 내어 읽어 보세요.

① Would you **like** to **go** for a **walk**?

② Would you **like** to **read** this **book**?

③ Would you **like** to have **din**ner with us?

④ Would you **like** to have **lunch** to**ge**ther?

⑤ Would you **like** to **see** a **mo**vie **/** this **week**end?

패턴을 활용한 영어 대화를 소리 내어 읽어 보세요.

Ⓐ Would you **like** to have **lunch** to**ge**ther?

Ⓑ **That** sounds **great**! **/ Where** should we **go**?

Ⓐ **How** about that **new** I**ta**lian **rest**aurant?

A 같이 점심 먹을 생각 있어요?

B 좋아요! 어디로 가면 좋을까요?

A 그 새로 오픈한 이탈리안 레스토랑 어때요?

33 *Would you please ~?*
~해 주시겠어요?

 입영작 훈련

우리말만 보고 위의 패턴을 사용해서 영어로 말해 보세요.

❶ 문 좀 닫아 주시겠어요?

❷ 창문 좀 열어 주시겠어요?

❸ 좀 조용히 해 주시겠어요?

❹ 좀 더 크게 말해 주시겠어요?

❺ 이 메시지를 그에게 전해 주시겠어요?

패턴 훈련

패턴이 표시된 영어 문장들을 확인하면서 다시 한번 말해 보세요.

❶ Would you please close the door?

❷ Would you please open the window?

❸ Would you please be quiet?

❹ Would you please speak louder?

❺ Would you please pass this message to him?

강세와 끊어 읽기에 유념해서, 다시 한번 소리 내어 읽어 보세요.

① Would you **please / close** the **door**?

② Would you **please / o**pen the **win**dow?

③ Would you **please / be quiet**?

④ Would you **please /** speak **loud**er?

⑤ Would you **please / pass** this **mes**sage to him?

대화 훈련

패턴을 활용한 영어 대화를 소리 내어 읽어 보세요.

Ⓐ Would you **please / close** the **door**?

Ⓑ **Sure, /** I'll **do** it **right** now.

Ⓐ **Thanks, /** it's **get**ting a bit **chill**y.

A 문 좀 닫아 주시겠어요?
B 물론이죠, 지금 바로 닫을게요.
A 고마워요, 조금 쌀쌀해지네요.

끊어 읽기 ● 강세 넣기

34 Can I ~? / Could I ~?
~해도 돼? / ~해도 될까요?

🔊 입영작 훈련

우리말만 보고 위의 패턴을 사용해서 영어로 말해 보세요.

❶ 이 펜 좀 빌려도 돼?

❷ 너에게 뭐 좀 물어봐도 돼?

❸ 도와드릴까요?

❹ 이 의자 좀 빌려도 될까요?

❺ 당신의 연락처를 좀 받아도 될까요?

🎯 패턴 훈련

패턴이 표시된 영어 문장들을 확인하면서 다시 한번 말해 보세요.

❶ Can I borrow this pen?

❷ Can I ask you something?

❸ Can I help you?

❹ Could I borrow this chair?

❺ Could I get your contact information?

강세와 끊어 읽기에 유념해서, 다시 한번 소리 내어 읽어 보세요.

❶ Can I **bor**row this pen?

❷ Can I **ask** you **some**thing?

❸ Can I **help** you?

❹ Could I **bor**row this **chair**?

❺ Could I **get** your **cont**act infor**ma**tion?

패턴을 활용한 영어 대화를 소리 내어 읽어 보세요.

Ⓐ Can I **ask** you **some**thing?

Ⓑ Of **course**, **/** go a**head** and **ask** anything.

Ⓐ **What's** your **fa**vorite book?

A 너한테 뭐 좀 물어봐도 돼?

B 그럼, 뭐든 물어봐.

A 네가 가장 좋아하는 책은 뭐야?

35 Should I ~?

~할까?, ~하는 게 좋을까?

입영작 훈련

우리말만 보고 위의 패턴을 사용해서 영어로 말해 보세요.

❶ 그에게 전화할까?

❷ 택시를 부를까?

❸ 우산을 챙기는 게 좋을까?

❹ 예약을 취소하는 게 좋을까?

❺ 병원에 가 보는 게 좋을까?

패턴 훈련

패턴이 표시된 영어 문장들을 확인하면서 다시 한번 말해 보세요.

❶ Should I call him?

❷ Should I call a taxi?

❸ Should I take an umbrella?

❹ Should I cancel the reservation?

❺ Should I see a doctor?

강세와 끊어 읽기에 유념해서, 다시 한번 소리 내어 읽어 보세요.

1 Should I **call** him?

2 Should I **call** a **ta**xi?

3 Should I **take** an um**bre**lla?

4 Should I **can**cel the reser**va**tion?

5 Should I **see** a **doc**tor?

대화 훈련

패턴을 활용한 영어 대화를 소리 내어 읽어 보세요.

A Should I **take** an um**bre**lla?

B **Yeah,** / it **looks** like it might **rain**.

A O**kay,** I'll **take** an um**bre**lla with me.

A 우산을 챙기는 게 좋을까?
B 응, 비가 올 것 같아 보여.
A 알았어, 우산 하나 챙겨 갈게.

오디오 듣기

/ 끊어 읽기 ● 강세 넣기

36 | *Are you going to ~?*
~할 거야?

 입영작 훈련

우리말만 보고 위의 패턴을 사용해서 영어로 말해 보세요.

❶ 그녀에게 물어볼 거야?

❷ 그 친구하고 얘기해 볼 거야?

❸ 나중에 나에게 전화할 거야?

❹ 오늘 밤에 공부할 거야?

❺ 그 영화 볼 거야?

패턴 훈련

패턴이 표시된 영어 문장들을 확인하면서 다시 한번 말해 보세요.

❶ Are you going to ask her?

❷ Are you going to talk to him?

❸ Are you going to call me later?

❹ Are you going to study tonight?

❺ Are you going to watch that movie?

강세와 끊어 읽기에 유념해서, 다시 한번 소리 내어 읽어 보세요.

❶ Are you **go**ing to **ask** her?

❷ Are you **go**ing to **talk** to him?

❸ Are you **go**ing to **call** me **la**ter?

❹ Are you **go**ing to **stu**dy to**night**?

❺ Are you **go**ing to **watch** that **mo**vie?

패턴을 활용한 영어 대화를 소리 내어 읽어 보세요.

Ⓐ Are you **go**ing to **call** me **la**ter?

Ⓑ Yes, / I'll **give** you a **call** / in the **e**vening.

Ⓐ **Great**, I'll be **wait**ing.

A 나중에 나에게 전화할 거야?
B 응, 저녁에 전화할게.
A 좋아, 기다리고 있을게.

37 *Are you ready to ~?*
~할 준비 됐어?

 **입영작 훈련**

우리말만 보고 위의 패턴을 사용해서 영어로 말해 보세요.

❶ 갈 준비 됐어?

❷ 잘 준비 됐어?

❸ 여행 갈 준비 됐어?

❹ 이제 공부할 준비 됐어?

❺ 시험 볼 준비 됐어?

 **패턴 훈련**

패턴이 표시된 영어 문장들을 확인하면서 다시 한번 말해 보세요.

❶ <u>Are you ready to</u> go?

❷ <u>Are you ready to</u> go to bed?

❸ <u>Are you ready to</u> go on the trip?

❹ <u>Are you ready to</u> study now?

❺ <u>Are you ready to</u> take the exam?

낭독 훈련

강세와 끊어 읽기에 유념해서, 다시 한번 소리 내어 읽어 보세요.

① Are you **rea**dy to **go**?

② Are you **rea**dy to **go** to **bed**?

③ Are you **rea**dy to **go** on the **trip**?

④ Are you **rea**dy to **stu**dy **now**?

⑤ Are you **rea**dy to **take** the e**xam**?

대화 훈련

패턴을 활용한 영어 대화를 소리 내어 읽어 보세요.

A Are you **rea**dy to **go**?

B **Al**most, **/** I **just** need to **grab** my **jac**ket.

A **Take** your **time**. **/** I'll **wait** for you.

A 갈 준비 됐어?

B 거의 다 됐어. 재킷만 챙기면 돼.

A 천천히 해. 기다릴게.

38 Are you sure ~?
~한 게 확실해?

입영작 훈련

우리말만 보고 위의 패턴을 사용해서 영어로 말해 보세요.

❶ 이게 맞는 게 확실해?

❷ 네가 가는 게 확실해?

❸ 그가 그렇게 말한 게 확실해?

❹ 네가 전부 확인한 게 확실해?

❺ 이게 유일한 방법인 게 확실해?

패턴 훈련

패턴이 표시된 영어 문장들을 확인하면서 다시 한번 말해 보세요.

❶ Are you sure this is correct?

❷ Are you sure you're going?

❸ Are you sure he said that?

❹ Are you sure you checked everything?

❺ Are you sure this is the only way?

강세와 끊어 읽기에 유념해서, 다시 한번 소리 내어 읽어 보세요.

❶ Are you **sure / this** is cor**rect**?

❷ Are you **sure /** you're **go**ing?

❸ Are you **sure /** he **said** that?

❹ Are you **sure /** you **check**ed **every**thing?

❺ Are you **sure / this** is the **only way**?

대화 훈련

패턴을 활용한 영어 대화를 소리 내어 읽어 보세요.

Ⓐ Are you **sure this** is cor**rect**?

Ⓑ **Yes,** / I **double**-checked the infor**ma**tion.

Ⓐ **Al**right, / I **trust** you then.

A 이게 맞는 게 확실해?
B 응, 내가 정보를 다시 확인해 봤어.
A 알았어, 그렇다면 너를 믿을게.

39 Is it okay if ~?
~해도 괜찮을까요?

 입영작 훈련

우리말만 보고 위의 패턴을 사용해서 영어로 말해 보세요.

❶ 제가 여기 앉아도 괜찮을까요?

❷ 우리가 이야기하는 동안 제가 뭘 좀 먹어도 괜찮을까요?

❸ 우리 지하철을 타도 괜찮을까요?

❹ 제가 조금 늦어도 괜찮을까요?

❺ 제가 이것을 가져가도 괜찮을까요?

 패턴 훈련

패턴이 표시된 영어 문장들을 확인하면서 다시 한번 말해 보세요.

❶ Is it okay if I sit here?

❷ Is it okay if I eat while we talk?

❸ Is it okay if we take the subway?

❹ Is it okay if I'm a little late?

❺ Is it okay if I take this?

낭독 훈련

강세와 끊어 읽기에 유념해서, 다시 한번 소리 내어 읽어 보세요.

1 Is it o**kay** / if I **sit** here?

2 Is it o**kay** / if I **eat** while we **talk**?

3 Is it o**kay** / if we **take** the **sub**way?

4 Is it o**kay** / if I'm a **lit**tle **late**?

5 Is it o**kay** / if I **take** this?

대화 훈련

패턴을 활용한 영어 대화를 소리 내어 읽어 보세요.

A Is it o**kay** / if I **sit** here?

B Of **course**, **go** ahead and **have** a **seat**.

A **Thank** you, I ap**pre**ciate it.

A 제가 여기 앉아도 괜찮을까요?
B 물론이죠, 얼마든지 앉으셔도 돼요.
A 배려해 주셔서 감사합니다.

오디오 듣기

40 Is this the first time ~?
~한 게 이번이 처음이야?

 입영작 훈련

우리말만 보고 위의 패턴을 사용해서 영어로 말해 보세요.

❶ 여기 와 본 게 이번이 처음이야?

❷ 태국 음식을 먹어 보는 게 이번이 처음이야?

❸ 한국에 와 본 게 이번이 처음이야?

❹ 스노우보드를 타는 게 이번이 처음이야?

❺ 이 앱을 사용하는 게 이번이 처음이야?

 패턴 훈련

패턴이 표시된 영어 문장들을 확인하면서 다시 한번 말해 보세요.

❶ Is this the first time you've been here?

❷ Is this the first time you've had Thai food?

❸ Is this the first time you've visited Korea?

❹ Is this the first time you're snowboarding?

❺ Is this the first time you're using this app?

강세와 끊어 읽기에 유념해서, 다시 한번 소리 내어 읽어 보세요.

❶ Is **this** the **first** time **/** you've **been** here?

❷ Is **this** the **first** time **/** you've had **Thai** food?

❸ Is **this** the **first** time **/** you've **vi**sited Ko**rea**?

❹ Is **this** the **first** time **/** you're **snow**boarding?

❺ Is **this** the **first** time **/** you're **u**sing this **app**?

대화 훈련

패턴을 활용한 영어 대화를 소리 내어 읽어 보세요.

Ⓐ Is **this** the **first** time **/** you've **been** here?

Ⓑ **No**, **/** I've **been** here a **few** times be**fore**.

Ⓐ It's **such** a **nice** place, **/** isn't it?

A 여기 와 본 게 이번이 처음이야?
B 아니, 여기는 전에 몇 번 와 봤어.
A 정말 좋은 곳이야, 안 그래?

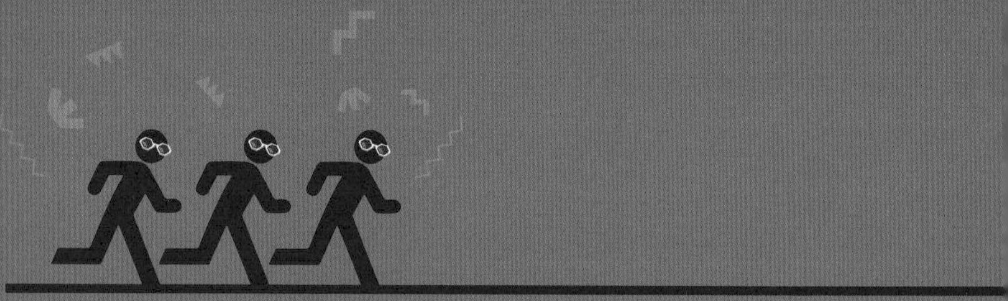

Level
3

생활 밀착 회화 훈련

 대화 훈련

 Key Expressions

01 *Baby Face Secrets*
동안의 비결

 대화 훈련

강세와 끊어 읽기에 유념해서, 다음 영어 대화를 소리 내어 읽어 보세요.

A You have **such** a **ba**by face.

B **Me**? / Oh, / **you're** too **kind**!

A You **don't** look your **age** / at **all**.

B Oh! / I **ne**ver get **tired** / of **hear**ing that.

A **What's** your **se**cret?

B I **just** try to **get** enough **sleep**.

A 너는 정말 동안이야.
B 내가? 오, 너는 정말 친절하구나!
A 너는 전혀 네 나이로 보이지 않아.
B 와! 그 말은 아무리 들어도 질리지 않네.
A 네 비결이 뭐야?
B 그냥 잠을 충분히 자려고 하는 편이야.

✳ **have a baby face** 동안이다, 아주 어려 보인다

✳ **don't look one's age** 본인의 나이로 보이지 않는다
> 추가 표현

look so young 아주 어려 보인다
look younger than one's age 본인의 나이보다 어려 보인다
look ten years younger than one's age 본인의 나이보다 열 살은 어려 보인다
look one's age 본인의 나이처럼 보인다, 또래처럼 보인다

✳ **never get tired of + ~ing** 아무리 ~해도 질리지 않는다

✳ **secret** 비결, 비법, 비밀

✳ **get enough sleep** 잠을 충분히 자다

02 *Self-esteem*
자존감

 대화 훈련

강세와 끊어 읽기에 유념해서, 다음 영어 대화를 소리 내어 읽어 보세요.

A My **self**-es**teem** / has **ta**ken a **dive late**ly.

B **Real**ly? **Why**?

A I **of**ten get **self**-**con**scious.

B You should **love** yourself / **just** the way you **are**.

A **That's good** ad**vice**. / **Thanks**.

B You should ac**cept** your **weak**nesses /
and **learn** to **live** with them.

A 요즘 내 자존감이 낮아졌어.
B 정말? 왜?
A 자꾸 남들의 시선을 의식하게 돼.
B 너 자신을 있는 그대로의 모습으로 사랑하려고 해 봐.
A 좋은 조언이네. 고마워.
B 네 약점들도 받아들이고 그것들에 적응해서 사는 법을 배워 봐.

 **Key Expressions**

✳ **self-esteem** 자존감

> **추가 표현**
> self-confidence 자신감

✳ **get self-conscious** 남들의 시선을 의식하다

✳ **just the way you are** 있는 그대로의 모습으로

> **예문**
> Accept yourself just the way you are.
> 너 자신을 있는 그대로의 모습으로 받아들여라.

✳ **weakness** 약점, 단점

> **유의어** shortcoming 결점, 단점
> **반의어** strength 강점, 장점

✳ **learn to live with ~** ~에 적응해서 살아가는 법을 배우다

> **예문**
> I have learned to live with my shortcomings.
> 나는 내 단점들에 적응해서 살아가는 법을 배웠다.
> I have learned to live with different people.
> 나는 성향이 다른 사람들에게 적응해서 살아가는 법을 배웠다.

오디오 듣기

⬤ 끊어 읽기 ⬤ 강세 넣기

03 *Fights between Couples*
부부싸움

 대화 훈련

강세와 끊어 읽기에 유념해서, 다음 영어 대화를 소리 내어 읽어 보세요.

Ⓐ Do you **fight** with your **wife**?

Ⓑ Of **course**! / We **fight** over **small** things / **all** the time.

Ⓐ **Same** here. / Do you **nor**mally say **sor**ry **first**?

Ⓑ **Yes**, I **do**. /
   But she **makes** me ex**plain** / **what** I did **wrong**.

Ⓐ For **real**? / My **wife** does that **too**.

Ⓑ If I **say** I **don't** know, / she **gets** even **more** angry.

A 너는 아내와 싸우니?
B 물론이지! 우리는 작은 일로 사사건건 싸워.
A 나도 마찬가지야. 네가 보통 미안하다고 먼저 말해?
B 응, 맞아. 하지만 아내는 내가 뭘 잘못했는지 설명하게 해.
A 정말? 내 아내도 똑같이 그래.
B 내가 모른다고 하면, 아내는 더 화를 내.

✳ **fight with someone** ~와 싸우다, 말다툼을 하다

추가 표현

have fights with ~와 싸우다, 말다툼을 하다

get into fights with ~와 싸우게 되다, 말다툼을 하게 되다

have arguments with ~와 말다툼을 하다

get into arguments with ~와 말다툼을 하게 되다

✳ **fight/argue over ~** ~에 대해 싸우다, 말다툼을 하다

추가 표현

fight over money problems 돈 문제로 싸우다

✳ **say sorry first** 미안하다고 먼저 말하다

유사 표현

apologize first 먼저 사과하다

✳ **For real?** 아, 정말?

✳ **get even more angry** 더 화를 내다

유사 표현

get even angrier 더 화를 내다

04 *Feeling under the Weather*
컨디션 난조

 대화 훈련

강세와 끊어 읽기에 유념해서, 다음 영어 대화를 소리 내어 읽어 보세요.

A Oh, I **feel** a **bit** under the **wea**ther.

B Are you **sick**?

A **Well**, / I'm **not** / **sick**, sick. / I **just** keep **cough**ing.

B For **real**? / **Don't** come **near** me. / Stay a**way**!

A I **don't** think / I **have** a **cold**.

B You **never know** though.

A 아, 오늘 컨디션이 좀 안 좋네.

B 어디가 아파?

A 글쎄, 딱히 어디가 아픈 건 아니야. 그냥 계속 기침이 나와.

B 정말? 나에게 가까이 오지 마. 저리 가!

A 내가 감기에 걸린 것 같지는 않아.

B 그래도 혹시 모르는 거야.

💬 몸이 아플 때 사용하는 영어 표현

I feel sick. 나는 아파.

I don't feel well. 나는 몸이 안 좋아.

I feel a bit under the weather. 나는 컨디션이 좀 안 좋아.

I don't feel (like) myself. 나는 정상 컨디션이 아니야.

I feel like coming down with something. 나 왠지 몸이 좀 안 좋아.

I'm a little out of it. 나는 약간 멍해. / 집중이 잘되지 않아.

💬 감기 증상을 묘사할 때 사용하는 영어 표현

I have a fever. 나는 열이 나.

유사 표현

I'm running a fever. 나는 열이 나.

I have a sore throat. 나는 목이 아파.

I have a runny nose. 나는 콧물이 나.

I'm aching all over. 나는 온몸이 아파. / 몸살 기운이 있어.

I keep coughing. 나는 계속 기침을 해.

I keep sneezing. 나는 계속 재채기가 나와.

05 | *Group Chats*
단톡방

 대화 훈련

강세와 끊어 읽기에 유념해서, 다음 영어 대화를 소리 내어 읽어 보세요.

A **How** many **group** chats **/** are you **in**?

B **Me**? **/** About **five**, I **think**. **/** **Look** for your**self**.

A **Wow**, **/** **this group** chat **/** has 1,500 **mem**bers?

B **Yes**. **/** It's **fill**ed to ca**pa**city.

A There **must** be a **whole** lot of **mes**sages.

B It de**pends** on the **day**.

A 너는 몇 개의 단톡방에 들어가 있어?
B 나? 한 다섯 개 정도인 것 같아. 네가 직접 확인해 봐.
A 와, 이 단톡방에는 사람이 1,500명이나 있어?
B 응. 최대 정원이 다 찼어.
A 메시지가 엄청나게 많이 오가겠는걸.
B 그건 날마다 달라.

✱ **group chat**   단체 채팅방

추가 표현

be in a group chat 단체 채팅방에 들어가 있다
join a group chat 단체 채팅방에 들어가다
leave a group chat 단체 채팅방을 나가다

✱ **look for oneself**   직접 보다

유사 표현

take a look for oneself 직접 보다

✱ **be filled to capacity**   최대 정원까지 다 찼다

추가 표현

maximum capacity = full capacity 최대 정원
reach capacity 최대 정원이 다 차다

✱ **a whole lot of ~**   엄청나게 많은 양의 ~

유사 표현

a whole bunch of ~ 제법 많은 양의 ~

✱ **It depends on the day.**   날마다 다르다.

예문

It depends on the person.
사람마다 다르다.

It depends on the situation. = It depends.
때에 따라 다르다, 그때그때 다르다

06 Lunch Menu
점심 식사 메뉴

 대화 훈련

강세와 끊어 읽기에 유념해서, 다음 영어 대화를 소리 내어 읽어 보세요.

A **What** do you **want** to **have** / for **lunch**?

B I **fran**kly **don't** know. / Any i**deas**?

A **What** about **tteok**–bokki?

B **Se**riously? / **That's** what you **want** to **eat**?

A **Yes**, / I **real**ly have a **soft** spot / for **tteok**–bokki.

B **Come** to **think** of it, / I'm in the **mood** /
for something **spi**cy too.

A 점심으로 뭐 먹고 싶어?
B 솔직히 잘 모르겠어. 좋은 생각 있어?
A 떡볶이 어때?
B 진심이야? 네가 먹고 싶은 게 그거야?
A 응, 내가 떡볶이라면 사족을 못 쓰거든.
B 생각해 보니, 나도 매콤한 게 당기기는 하네.

🔑 Key Expressions

✳ have ~ for lunch   점심으로 ~을 먹다

> 예문

What did you have for lunch?
너는 점심으로 뭘 먹었어?

> TIP ▷ 전치사 for + 식사

What do you want to have for breakfast? 너는 아침으로 뭐 먹고 싶어?
What do you want to have for lunch? 너는 점심으로 뭐 먹고 싶어?
What did you have for dinner? 너는 저녁으로 뭘 먹었어?

✳ have a soft spot for ~   ~이라면 사족을 못 쓰다

> 예문

I have a soft spot for Mexican food.
나는 멕시코 음식이라면 사족을 못 써.

✳ come to think of it   생각해 보니 말인데

> 추가 표현

speaking of which 말이 나왔으니 말인데

07 | *Noise Complaints*
층간소음

 대화 훈련

강세와 끊어 읽기에 유념해서, 다음 영어 대화를 소리 내어 읽어 보세요.

A Holy Moly! / Is **that noi**se / **co**ming from **up**stairs?

B Uh-**huh**. / My **neigh**bors / make **so** much **noise** / stomping a**round**.

A If **I** were **you**, / I would **give** them / a **piece** of my **mind**.

B I **did**, of **course**.

A **Man**, / **that** must be **real**ly **stress**ful.

B **Yeah**. / I **wish** they would tiptoe a**round**.

A 맙소사! 저게 위층에서 나는 소리야?
B 응. 위층 이웃들이 쿵쾅거리면서 걸어 다녀서 너무 시끄러워.
A 내가 너라면, 그 사람들에게 항의를 했을 거야.
B 물론, 나도 항의했지.
A 이런, 스트레스가 많겠다.
B 맞아. 그 사람들이 살살 걸어 다니면 좋겠어.

🔑 Key Expressions

✳ **Holy moly!** 맙소사!

> 유사 표현
>
> Holy cow! 이런, 세상에!

✳ **neighbor** 이웃

> 추가 표현
>
> upstairs neighbor 윗집 이웃
> downstairs neighbor 아랫집 이웃
> next-door neighbor = neighbor next door 옆집 이웃

✳ **make noise** 소음을 일으키다

✳ **stomp around** 쿵쾅거리면서 걸어 다니다

✳ **give someone a piece of one's mind** ~에게 항의하다

✳ **tiptoe around** 살살 걸어 다니다, 까치발을 들고 다니다

08 Eyesight
시력

 대화 훈련

강세와 끊어 읽기에 유념해서, 다음 영어 대화를 소리 내어 읽어 보세요.

A **Oh**, / you've taken **off** your **glass**es!

B **Yes**, / I **got** **LA**SIK / **two** weeks a**go**.

A Can you **see** / **clear**ly **now**?

B I have **20/20** **vi**sion / in **both eyes**.

A **Wow**, / **that's** not **bad** at **all**.

B **Yup**. / I can **see** / with**out** my **glass**es now.

A 오, 너 안경을 벗었구나!
B 응, 나 2주 전에 라식 수술을 했어.
A 이제 뚜렷하게 잘 볼 수 있니?
B 양쪽 눈 시력이 둘 다 1.0이야.
A 와, 전혀 나쁘지 않네.
B 응. 이제 안경 없이도 잘 볼 수 있어.

✳ vision 시력

> 유의어 eyesight 시력

> 추가 표현

20/10 vision 시력 2.0
20/20 vision 시력 1.0
20/30 vision 시력 0.6~0.7
20/50 vision 시력 0.4
20/100 vision 시력 0.2
20/200 vision 시력 0.1

✳ LASIK 라식 수술

> 추가 표현

LASEK 라섹 수술
vision correction surgery 시력 교정 수술

✳ see clearly 뚜렷하게 보인다

> 추가 표현

have good eyesight 시력이 좋다
have decent eyesight 시력이 괜찮다
have bad eyesight = have poor eyesight 시력이 안 좋다
have terrible eyesight 시력이 매우 안 좋다

09 *Driver's License*
운전면허

 대화 훈련

강세와 끊어 읽기에 유념해서, 다음 영어 대화를 소리 내어 읽어 보세요.

A **When** did you **/ get** your **dri**ver's license?

B **Me**? **/** Like **10** years a**go**, **/** I **think**.

A Did you **pass** the **test /** in **one** go?

B **Yes**, I **pass**ed at **once**.

A **Got**cha. **/** I **need** to **get** my **li**cense re**new**ed.

B I **saw** you **drive**. **/** You **seem** to be a **good** driver.

A 너는 운전면허를 언제 땄어?
B 나? 아마, 한 10년 전에.
A 시험은 한 번에 합격했어?
B 응, 한 번에 붙었어.
A 아하. 나는 운전면허를 갱신해야 해.
B 네가 운전하는 것 봤어. 운전 잘하는 것 같더라.

✳ **get a driver's license** 운전면허를 따다

✳ **pass the test** 시험에 합격하다
> 추가 표현
>
> fail the test 시험에 불합격하다
> retake the test 시험에 재응시하다
> written test 필기 시험
> road test = driving test 주행 시험
> driving school 운전면허 학원

✳ **in one go** 한 번에
> 유사 표현
>
> at once 한 번에

✳ **get one's license renewed** 면허를 갱신하다
> 추가 표현
>
> get one's license suspended 면허를 정지당하다
> get one's license revoked 면허를 취소당하다

✳ **be a good driver** 운전을 잘하다
> 추가 표현
>
> be a bad driver 운전을 못하다
> be a novice driver 초보 운전자이다

10 Recycling
재활용

 대화 훈련

강세와 끊어 읽기에 유념해서, 다음 영어 대화를 소리 내어 읽어 보세요.

Ⓐ I was taking **out** the re**cy**cling **yes**terday **/**
and I **spill**ed everything.

Ⓑ **What**? **/ How** did **that / hap**pen?

Ⓐ The **bot**tom of the **box / tore o**pen.

Ⓑ **Dang**! **/ That** must've been a **mess**!

Ⓐ **Yeah**. **/** It was **so** em**bar**rassing.

Ⓑ You're **crack**ing me **up**!

A 나 어제 재활용 쓰레기를 내다 버리다가 전부 쏟았지 뭐야.
B 뭐라고? 어쩌다 그랬어?
A 상자 아래가 터졌어.
B 이런! 난리도 아니었겠다.
A 응. 너무 민망했어.
B 정말 웃기다!

✳ **take out the recycling** 재활용 쓰레기를 내다 버리다

유사 표현

take out the recyclables 재활용 쓰레기를 내다 버리다

✳ **spill** 쏟다, 흘리다

동사 변화 (미국 영어) spill – spilled – spilled

(영국 영어) spill – spilt – spilt

✳ **tear open** 터지다, 찢어져서 열리다

동사 변화 tear open – tore open – torn open

추가 표현

tear apart 찢어져서 분리되다, 분리하다
burst open 터져서 열리다, 열다

✳ **That must've been a mess!** 난리도 아니었겠다!

✳ **It was so embarrassing.** 너무 민망했어.

추가 표현

It was so humiliating. 너무 창피했어.

✳ **crack someone up** ~를 크게 웃게 하다

추가 표현

crack up 크게 웃다, 빵 터지다
hilarious 아주 웃긴

11 *Energy Boost*
삶의 활력소

 대화 훈련

강세와 끊어 읽기에 유념해서, 다음 영어 대화를 소리 내어 읽어 보세요.

A **What** gives you / an **en**ergy boost in **life**?

B Working **out** / **real**ly **lifts** my **mood**.

A For **me**, / **eat**ing / is **one** of my **great**est **plea**sures in **life**.

B I **know what** you **mean**.

A I have a**no**ther one: / I'm **real**ly into **stu**dying **Eng**lish.

B For **real**? / **How** is **that** even **pos**sible? / I **don't get** it.

A 너의 삶에 활력을 주는 것은 뭐야?
B 나는 운동을 하면 기분이 정말 좋아져.
A 나에게는, 먹는 것이 삶의 가장 큰 즐거움 중 하나야.
B 무슨 말인지 알겠어.
A 그리고 하나 더 있어. 나는 요즘 영어 공부 하는 재미에 푹 빠져 있어.
B 정말? 그게 가능하기는 해? 이해가 되지 않네.

Key Expressions

✳ **give someone an energy boost** ~에게 활력을 주다

> **추가 표현**
>
> boost one's mood = lift one's mood ~의 기분을 좋게 해 주다

✳ **one of the greatest pleasures in life**
삶의 가장 큰 즐거움 중 하나

> **유사 표현**
>
> one of the biggest joys in life 삶의 가장 큰 기쁨 중 하나
>
> TIP ⟩ the 대신에 소유격을 사용할 수도 있음!
>
> one of my greatest pleasures in life 내 삶의 가장 큰 즐거움 중 하나

✳ **I know what you mean.** 무슨 말인지 알겠어.

> **추가 표현**
>
> I know where you are coming from. 무슨 의도로 하는 말인지 알겠어.

✳ **be really into + ~ing** ~하는 재미에 푹 빠져 있다

✳ **How is that even possible?** 그게 가능하기는 해?

✳ **I don't get it.** 이해가 되지 않아.

> **추가 표현**
>
> Do you get it? 너 이해가 돼?

12 *Streaming Platforms*
스트리밍 플랫폼

 대화 훈련

강세와 끊어 읽기에 유념해서, 다음 영어 대화를 소리 내어 읽어 보세요.

A Do you **watch** videos **of**ten / on **stream**ing platforms?

B **Yes**, / I sub**scribe** to **Net**flix / and **Dis**ney Plus.

A **What** kinds of **con**tent / **do** you **u**sually **watch**?

B **Do**cumentaries are **right** up my **al**ley.

A Oh, **yeah**? / I **u**sually **watch** **a**nimated **films**.

B I **see**. / I **tend** to **binge**–watch **some**times. / Do **you**?

A 너는 스트리밍 플랫폼에서 영상물을 자주 보니?
B 응, 나는 넷플릭스와 디즈니 플러스를 구독하고 있어.
A 너는 주로 어떤 콘텐츠를 봐?
B 다큐멘터리가 내 취향에 딱 맞아.
A 오, 그래? 나는 보통 애니메이션을 봐.
B 그렇구나. 나는 가끔 시리즈를 몰아 보는 편이야. 너도 그래?

❋ **streaming platform**   스트리밍 플랫폼

> TIP ⟩ OTT(Over-The-Top)는 영미권에서 잘 사용하지 않는 표현!

❋ **subscribe to ~**   ~을 구독하다

❋ **content**   콘텐츠 (영상, 연설, 창작물, 게시물 등 전반)

> TIP ⟩ content와 contents는 같은 명사의 단수형과 복수형이 아니라, 별개의 개념!
> 우리가 흔히 말하는 '문화 콘텐츠'는 항상 단수형을 쓴다. 복수형일 때는 '안에 들어 있
> 는 내용물'이라는 아예 다른 뜻이 된다.

Netflix has various types of content. 넷플릭스는 다양한 종류의 콘텐츠를 보유하고 있다.
He is a content creator. 그는 콘텐츠 창작자이다.
They will check the contents of your bag. 그들이 네 가방의 내용물을 볼 거야.
Look at the table of contents. 책의 목차를 봐.

❋ **documentaries**   다큐멘터리

추가 표현

TV series 드라마

> TIP ⟩ series는 단수와 복수 형태가 동일!

animated films 애니메이션

> TIP ⟩ animation은 영미권에서 잘 사용하지 않는 표현!

❋ **be right up one's alley**   취향에 딱 맞다

유사 표현

be one's cup of tea 딱 ~의 취향이다

❋ **binge-watch**   몰아서 보다, 정주행하다

13 | *Children's Day*
어린이날

 대화 훈련

강세와 끊어 읽기에 유념해서, 다음 영어 대화를 소리 내어 읽어 보세요.

Ⓐ **What** are you **plan**ning on **do**ing / on **Child**ren's Day?

Ⓑ Well, / I'm **think**ing of **ta**king the **kids** /
to a **theme** park.

Ⓐ **Oh**, / is that **right**?

Ⓑ They're **al**ready / **jump**ing **up** and **down**.
But the **theme** park will be **jam**-packed with **peo**ple.

Ⓐ You're **right**.

Ⓑ We may **have** to **wait** in **line** / for a **long** time.

A 너는 어린이날에 뭐 할 거야?
B 음, 아이들을 데리고 놀이공원에 갈까 생각 중이야.
A 오, 그래?
B 아이들은 이미 신이 나서 방방 뛰고 있어.
　그런데 놀이공원은 사람들로 아주 붐비겠지.
A 네 말이 맞아.
B 우리는 줄을 서서 한참 기다려야 할 수도 있어.

🔐 Key Expressions

✳ **Children's Day** 어린이날

> 추가 표현

Parents' Day 어버이날
Teachers' Day 스승의날
Mother's Day 어머니의 날 (미국에서 5월 둘째 주 일요일에 기념)
Father's Day 아버지의 날 (미국에서 6월 셋째 주 일요일에 기념)

✳ **theme park**   놀이공원

> 유의어

amusement park 놀이공원

> 추가 표현

go on rides 놀이기구를 타다
scary ride 무서운 놀이기구

✳ **jump up and down**   신이 나서 방방 뛰다

✳ **be jam-packed with people**   사람들로 아주 붐비다

✳ **wait in line**   줄을 서서 기다리다

14 | *Challenges in Life*
인생도전

대화 훈련

강세와 끊어 읽기에 유념해서, 다음 영어 대화를 소리 내어 읽어 보세요.

A New chal**lenges in life** / are **really cool.**

B We **need** to / break **out** of our **com**fort zones / to **do** that.

A But **some**times, / **new chall**enges can seem **daunt**ing.

B Sure.

A But we **have** to stand **up** / to the **chall**enges / and **test** our **li**mits.

B I **to**tally a**gree** with you.

A 인생의 새로운 도전은 정말 멋져.
B 그러기 위해서는 우리의 안전지대에서 벗어나야 하지.
A 그렇지만, 가끔은 새로운 도전이 우리를 움츠러들게 할 수도 있어.
B 물론이야.
A 그래도, 우리는 도전에 정면으로 맞서서 우리의 한계에 도전해야 해.
B 그 말에 전적으로 동의해.

※ **challenge** 도전

※ **break out of one's comfort zone** 안전지대에서 벗어나다

추가 표현

stay in one's comfort zone 안전지대에 머무르다

※ **daunting** 움츠러들게 하는

추가 표현

overwhelming 엄두가 나지 않게 하는

※ **stand up to the challenges** 도전에 맞서다

추가 표현

take on the challenges head-on 도전에 정면으로 대응하다, 정공법으로 헤쳐 나가다

※ **test one's limits** 한계에 도전하다

※ **I totally agree with you.** 그 말에 전적으로 동의해.

유사 표현

I couldn't agree with you more. 그 말에 완전히 동의해.

15 ***Daily Routine***
생활 루틴

 대화 훈련

강세와 끊어 읽기에 유념해서, 다음 영어 대화를 소리 내어 읽어 보세요.

Ⓐ **What** time do you wake **up /** in the **mor**ning?

Ⓑ I'm **up** by **4** in the **mor**ning.

Ⓐ **What**? **/** You're **such** an **ear**ly **bird**.

Ⓑ I'm **prac**ticing **/** the '**mi**racle **mor**ning.'

Ⓐ **What** time do you **go** to **bed**?

Ⓑ It de**pends**. I **hit** the **sack** by **11**.

Ⓐ Well, **/** I'm **quite** the **op**posite. **/** I'm a **night** owl.

A 너는 아침에 주로 몇 시에 일어나?
B 나는 새벽 4시면 일어나 있어.
A 뭐라고? 너는 정말 아침형 인간이구나.
B 나는 '미라클 모닝'을 실천하고 있거든.
A 너 잠은 몇 시에 자는데?
B 그때그때 달라. 보통 11시 정도에 자.
A 음, 나는 완전히 반대야. 나는 야행성이거든.

✳ **wake up** 아침에 일어나다, 잠에서 깨다

> 유사 표현
>
> get up 일어나다

> 추가 표현
>
> Rise and shine! 일어나!

✳ **be up by ~** ~시쯤이면 일어나 있다

✳ **early bird** 아침형 인간

> 유사 표현
>
> morning person 아침형 인간

> 추가 표현
>
> night owl = night person 야행성 인간

✳ **go to bed** 자다

> 유사 표현
>
> go to sleep 자다

✳ **hit the sack** 자러 가다, 잠자리에 들다

> 유사 표현
>
> hit the hay 잠자리에 들다

✳ **quite the opposite** 정반대

> 유사 표현
>
> the complete opposite 완전히 반대

16 | *Spacing Out*
멍 때리기

 **대화 훈련**

강세와 끊어 읽기에 유념해서, 다음 영어 대화를 소리 내어 읽어 보세요.

🅐 **Why** were you **late** to**day**?

🅑 Oh, / I **miss**ed my **stop**.

🅐 **How** did **that** happen?

🅑 I **don't** know. / I was **just** spacing **out**.

🅐 **Rea**lly?

🅑 **Yeah**, / I **have** a **lot** on my **plate** / **these** days.

A 너 오늘 왜 늦었어?
B 아, 내려야 할 역을 지나쳤지 뭐야.
A 어쩌다 그랬어?
B 나도 모르겠어. 그냥 멍 때리고 있었어.
A 정말?
B 응, 요즘 할 일이 많거든.

❊ **miss one's stop** 내려야 할 역·정류장을 지나치다

❊ **space out** 멍 때리다, 다른 생각을 하다

유사 표현

zone out 멍 때리다

추가 표현

daydream 공상에 빠지다

be a little out of it 멍하다, 집중이 안 되다

doze off = nod off 꾸벅꾸벅 졸다

❊ **have a lot on one's plate** 할 일이 많다

추가 표현

burn the candle at both ends 무리해서 일하다, 공부하다

work one's ass off = work one's butt off 아주 열심히 일하다

17 | *Video Content*
영상물

🗣 대화 훈련

강세와 끊어 읽기에 유념해서, 다음 영어 대화를 소리 내어 읽어 보세요.

Ⓐ **What** types of **vi**deos / do you **u**sually **watch**?

Ⓑ **Me**? / I **just** watch **this** and **that**.

Ⓐ I'm **kind** of like that **too**, / **ac**tually.

Ⓑ I **of**ten stay **up all** night / **binge**-watching en**tire sea**sons.

Ⓐ **Yeah**, / I've **done** that my**self** / in the **past**.

Ⓑ I'm **try**ing to cut **down** / **these** days.

A 너는 보통 어떤 영상물을 봐?
B 나? 그냥 이것저것 보는 편이야.
A 실은, 나도 그런 편이야.
B 나는 시즌 전체를 몰아서 보느라 밤을 새우는 일도 자주 있어.
A 아, 나도 전에는 그랬어.
B 요즘은 좀 줄이려고 노력 중이야.

✻ **this and that** 이것저것

✻ **stay up all night + ~ing** ~하면서 밤을 새우다

✻ **binge-watch entire seasons** 시즌 전체를 몰아서 보다

> 추가 표현
>
> binge-eat 폭식하다
> binge-drink 폭음하다
> binge-read 몰아서 읽다
> binge-shop 몰아서 쇼핑을 하다
>
> (TIP) 'binge-'는 일부 동사에만 붙일 수 있음! (binge-study X, binge-work X)

✻ **cut down** 줄이다

> 유사 표현
>
> cut back 줄이다
>
> 추가 표현
>
> cut down on coffee 커피를 줄이다
> cut down on snacks 간식을 줄이다
> cut back on drinking 음주를 줄이다
> cut back on spending 지출을 줄이다

18 | *Hot Restaurants*
맛집

강세와 끊어 읽기에 유념해서, 다음 영어 대화를 소리 내어 읽어 보세요.

A **Where** do you **want** to **go eat**?

B **Well**, / I'm **not** sure. / It's **your call**.

A It's **so** hard to de**cide** / **where** to **eat**.

B There's a **su**shi place / that **looks pretty** good.

A **What** do the **re**views **say**?

B They **say** the **food** / is **out** of this **world**.

A 어디 가서 먹고 싶어?
B 글쎄, 잘 모르겠어. 네가 정해 봐.
A 어디서 먹을지 정하는 것이 참 힘들어.
B 꽤 괜찮아 보이는 초밥집이 한 군데 있어.
A 후기에서는 뭐라고 해?
B 그곳 음식이 정말 끝내준다고 해.

Key Expressions

✳ **go eat** 가서 먹다

> 유사 표현
> go and eat 나가서 먹다
> 추가 표현
> go (and) have some dinner 가서 저녁을 먹다

✳ **It's your call.** 네가 정해.

> 추가 표현
> It's up to you. 네가 결정해.
> It's not my call. 내가 결정할 수 있는 일이 아니야.

✳ **sushi place** 초밥집

> 추가 표현
> pizza place 피자 가게
> burger place 햄버거 가게
> beer place 맥주 가게
> Japanese place 일본 음식점
> Thai place 태국 음식점
> hot place 맛집

✳ **(customer) review** 고객 후기

✳ **be out of this world** 끝내준다, 말이 안 될 정도로 좋다

19 Medical Check-ups
건강 검진

 대화 훈련

강세와 끊어 읽기에 유념해서, 다음 영어 대화를 소리 내어 읽어 보세요.

A **How** often do you **get** / **me**dical **check**-ups?

B It's **been ages** / since I **last got** one.

A **Real**ly? / You should **get** checked **up** / **re**gularly.

B I sup**pose** / **that** would be the **best**.

A **Yes**, in**deed**!

B I **won't** put it **off** / **any**more.

A 너는 건강 검진을 얼마나 자주 받아?
B 마지막으로 받은 지 한참 되었어.
A 정말? 검진은 정기적으로 받아야 해.
B 그러는 것이 이상적이겠지.
A 그럼, 당연하지!
B 더 이상 미루지 않을게.

✳ **get a medical check-up**   건강 검진을 받다

> 유사 표현

  get a health check-up   건강 검진을 받다

✳ **get checked up regularly**   정기적으로 검진을 받다

> 예문

  I get checked up every year.
  나는 매년 건강 검진을 받아.

> 추가 표현

  get one's blood sample tested   혈액 검사를 받다
  get one's urine sample tested   소변 검사를 받다
  get one's blood pressure checked   혈압 검사를 받다
  get one's eyesight measured   시력을 측정하다
  get one's height measured   신장을 측정하다
  get one's weight measured   체중을 측정하다
  get an endoscopy   내시경 검사를 받다
  get a gastroscopy   위내시경 검사를 받다
  get a colonoscopy   대장내시경 검사를 받다

✳ **put something off**   ~을 미루다

끊어 읽기 ● 강세 넣기

20 | *Overcoming Slumps*
슬럼프 극복

 대화 훈련

강세와 끊어 읽기에 유념해서, 다음 영어 대화를 소리 내어 읽어 보세요.

A **How** is **work** going **/ these** days?

B Well, **/** to be **ho**nest, **/** I am in a **bit** of a **slump**.

A **Haven't** you **been** at your **job / ** for a **long** time?

B I **sure** have. **/** For **al**most **15** years.

A Oh, I **see**.

B I **just** need to **po**wer **through**.

A 요즘 일하는 건 어때?
B 글쎄, 솔직히 말하면, 약간 슬럼프에 빠져 있는 것 같아.
A 지금 회사를 오래 다니지 않았어?
B 그렇지. 거의 15년 동안 다녔어.
A 아, 그렇구나.
B 그냥 꾹 참고 버티는 수밖에.

✳ **be in a slump** 슬럼프에 빠져 있다

유사 표현

be in a rut 슬럼프에 빠져 있다

예문

I feel like I am in a slump these days.
나 요즘 슬럼프에 빠져 있는 것 같아.

I am in a bit of a rut.
나는 좀 슬럼프에 빠져 있어.

✳ **be at one's job** (지금의 직장에서) 일하다

추가 표현

be on one's job (지금의 직장에서) 일하고 있다

예문

How long have you been at your job?
너는 지금 회사에서 일한 지 얼마나 됐어?

I've been on my job for two months.
나는 지금 회사에서 두 달째 일하고 있어.

✳ **power through** 꾹 참고 버티다, 이겨 내다

유사 표현

get through 빠져나가다, 버텨 내다

예문

How did you get through it?
너 어떻게 버텨 냈어?

21

My Husband Who Knows Nothing But His Parents
남편은 효자

강세와 끊어 읽기에 유념해서, 다음 영어 대화를 소리 내어 읽어 보세요.

A Hey, / **why** don't we get to**ge**ther / this **week**end?

B I **can't**. / I **have** to **go** to my **in**-laws' place.

A A**gain**? / **Didn't** you **go** / **last** weekend?

B My **mo**ther-in-law **wants** us to **vi**sit / **every two** weeks.

A **What**? / Who **does** that / in **this** day and **age**?

B My **hus**band knows / **no**thing but his **pa**rents.

A 이번 주말에 모이는 것 어때?
B 나는 안 돼. 시댁에 가야 하거든.
A 또? 지난 주말에도 가지 않았어?
B 어머님이 2주에 한 번은 오라고 하셔.
A 뭐라고? 요즘 세상에 누가 그렇게 해?
B 우리 남편이 워낙 효자여서 말이야.

🔑 Key Expressions

✳ **get together** 모이다, 만나다

> 추가 표현
>
> It's been a while ~ ~한 지 시간이 꽤 되다

✳ **go to one's in-laws' place** 시댁/처가댁에 가다

> 추가 표현
>
> mother-in-law 시어머니, 장모님
> father-in-law 시아버지, 장인어른
> check in on one's folks 가족의 안부를 묻다, 찾아뵙다

✳ **last weekend** 지난 주말

✳ **every two weeks** 2주마다, 격주로

✳ **in this day and age** 요즘 세상에, 요즘 시대에

✳ **know nothing but ~** ~밖에 모른다

22 Home Renovation
집 리모델링

 대화 훈련

강세와 끊어 읽기에 유념해서, 다음 영어 대화를 소리 내어 읽어 보세요.

A Your **place** / looks **brand** new.

B We re**did** the in**te**rior / a **while** ago.

A I **see**. / **So**, / you **had** it re**no**vated.

B Uh-**huh**. / We re**did** the **wall**paper / and the **floors**.

A **That** must've **been** / a **huge mak**eover.

B We **had** to **pay** / through our **nose**.

A 너희 집은 완전히 새집처럼 보여.
B 우리가 얼마 전에 인테리어를 다시 했거든.
A 그렇구나. 그럼, 리모델링을 했다는 말이네.
B 응. 벽지를 다시 바르고 바닥재도 다시 깔았어.
A 대규모 공사였겠는데.
B 비용이 많이 나와서 허리가 휘는 줄 알았지 뭐야.

✳ **look brand new** 완전히 새것처럼 보인다

추가 표현

look as good as new 새것만큼 좋아 보인다

예문

Your car looks brand new.
네 자동차는 완전히 새것처럼 보여.

My phone is as good as new.
내 휴대폰은 새것만큼 좋아.

✳ **have one's place renovated** 집을 리모델링하다

✳ **redo the wallpapers** 벽지를 다시 바르다

유사 표현

redo the walls 도배를 다시 하다

추가 표현

redo the floors 바닥재를 다시 깔다
redo the paint 페인트를 다시 칠하다
redo the kitchen 부엌을 새로 단장하다

✳ **huge makeover** 대규모 공사, 큰 변화

✳ **pay through one's nose** (허리가 휠 만큼) 비용이 많이 들다

추가 표현

cost a lot of money 비용이 많이 들다
cost an arm and a leg (출혈이 심할 만큼) 비용이 많이 들다
cost a pretty penny 비용이 꽤 들다

23 | *Ghosting Someone*
잠수 타기

 대화 훈련

강세와 끊어 읽기에 유념해서, 다음 영어 대화를 소리 내어 읽어 보세요.

Ⓐ **Have** you heard **back** / from **Jen**nifer?

Ⓑ **Not** yet.

Ⓐ She has been **ghosti**ng us **re**cently.

Ⓑ I **hate** it / when she **does** that.

Ⓐ Is she **check**ing your **mes**sages?

Ⓑ **Nope**. / She's **not** picking **up**, / **either**.

A 제니퍼에게서 다시 연락 왔어?
B 아니, 아직.
A 요즘 잠수 탔네.
B 나는 제니퍼가 이럴 때마다 정말 싫어.
A 제니퍼가 네 메시지는 확인해?
B 아니. 전화도 안 받아.

🔑 Key Expressions

✳ **hear from someone** ~에게서 연락이 오다

> 추가 표현

hear back from someone ~에게서 다시 연락이 오다

> 예문

Have you heard back from him?

그에게서 다시 연락이 왔어?

✳ **ghost someone** ~의 연락을 의도적으로 받지 않다, 잠수를 타다

> 예문

He is ghosting me again.

그는 또 잠수를 탔어.

✳ **check one's messages** 메시지를 확인하다

> 예문

She is not checking her messages.

그녀는 메시지를 확인하지 않고 있어.

✳ **pick up** 전화를 받다

> 예문

They are not picking up.

그들은 전화를 받지 않고 있어.

> 추가 표현

hang up 전화를 끊다

오디오 듣기

 / 끊어 읽기 ● 강세 넣기

24 *Food Loss*
음식 낭비

 대화 훈련

강세와 끊어 읽기에 유념해서, 다음 영어 대화를 소리 내어 읽어 보세요.

A There's **so** much **food** left.

B I **don't** think / we'll **eat** them a**gain**.

A I **know**. / It's **such** a **waste**.

B I **hear** you.

A We'll **just** have to / pre**pare** the **right** amount /
next time.

B I feel **gui**lty / throwing **out** / **per**fectly **good** food.

A 음식이 너무 많이 남았네.
B 우리가 다시 먹을 것 같지는 않아.
A 나도 알아. 너무 아깝다.
B 내 말이 그 말이야.
A 우리 다음번에는 적당한 양의 음식을 만들어야겠어.
B 멀쩡한 음식을 내다 버리려니까 죄책감이 드네.

✱ **left** 남은

추가 표현

leftovers = leftover food 남은 음식
leftover pizza 남은 피자

✱ **It's such a waste.** 너무 아깝다.

✱ **prepare the right amount** 적당한 양의 음식을 준비하다

추가 표현

prepare dinner 저녁 식사를 준비하다

✱ **feel guilty** 죄책감이 들다

추가 표현

feel bad 안타깝다

✱ **throw out** 내다 버리다

추가 표현

throw away 버리다

✱ **perfectly good food** 멀쩡한 음식, 먹을 수 있는 음식

끊어 읽기 ● 강세 넣기

25 | *Being Full of Oneself*
자기 잘난 맛에 사는 친구

대화 훈련

강세와 끊어 읽기에 유념해서, 다음 영어 대화를 소리 내어 읽어 보세요.

A Mark is **/ so full** of him**self**.

B Yeah, **/** I **know** what you **mean**.

A He **thinks** he's a **smart**ass.

B He **gets** on my **nerves**.

A I **don't** be**lieve** a **word** he's **say**ing.

B Me, **nei**ther. **/** I have **ze**ro res**pect** for him.

A 마크는 자기가 정말 잘난 줄 알아.
B 맞아, 무슨 말인지 알아.
A 자기가 아주 똑똑하다고 생각한다니까.
B 정말 신경에 거슬려.
A 나는 마크가 하는 말은 하나도 믿지 않아.
B 나도, 마찬가지야. 나는 마크에 대해서는 좋은 감정이 하나도 없어.

✳ **be full of oneself** 자신이 잘난 줄 안다, 스스로에게 도취되어 있다

추가 표현

be full of it 엉뚱하다

✳ **smartass** 자신이 똑똑하다고 생각하는 사람, 잘난 척하는 사람

유사 표현

smarty-pants 잘난 척하는 사람

추가 표현

snobby = snobbish 고상한 척하는, 우월감을 느끼는

book smart 모범생 느낌이 나는, 책으로 공부를 많이 한, 가방끈이 긴

street smart 놀아 본 느낌이 나는, 산전수전 다 겪은 듯한

✳ **get on one's nerves** 신경을 거슬리게 하다, 짜증 나게 하다

유사 표현

get under one's skin 거슬리게 하다

✳ **have zero respect for someone**

~에 대해 좋은 감정이 하나도 없다, 경멸하다

26 | *Cleaning Out the Closet*
옷장 정리

 대화 훈련

강세와 끊어 읽기에 유념해서, 다음 영어 대화를 소리 내어 읽어 보세요.

Ⓐ My **clo**set **/** is over**flow**ing with **clo**thes.

Ⓑ **That** makes it **hard /** to **find some**thing to **wear**.

Ⓐ **That's** right.

Ⓑ You should clean **out** your **clo**set **/ some**time.

Ⓐ I **want** to, **/** but I **don't know / where** to be**gin**.

Ⓑ Just **pick** a **day /** and **get** it **over** with.

A 내 옷장은 옷들로 넘쳐 나.
B 그러면 입을 옷을 찾기 힘들겠어.
A 그 말이 맞아.
B 언제 옷장 정리 한번 하면 좋을 텐데.
A 그러고 싶은데, 어디서 시작해야 할지 모르겠어.
B 그냥 하루 날을 잡고 해치워 버려.

✳ **closet** 옷장

> 유의어 wardrobe (큰) 옷장

✳ **be overflowing with ~** ~으로 넘쳐 나다

> 예문
> My room is overflowing with clothes.
> 내 방은 옷들로 넘쳐 나.

✳ **clothes** 옷가지

> 추가 표현
> cloth 천, 옷감
> clothing 의류, 의상
> clothing store 옷가게
> TIP ⟩ '옷가지'라는 뜻의 clothes는 항상 복수로 사용!

✳ **find something to wear** 입을 옷을 찾다

✳ **clean out one's closet** 옷장을 정리하다

✳ **get it over with** 할 일을 해치우다

> 예문
> Can you just get it over with?
> 그냥 좀 해치우면 안 될까?
> I told him to just get it over with.
> 나는 그에게 빨리 좀 해치우라고 말했어.

오디오 듣기

/ 끊어 읽기 ● 강세 넣기

27 Bathroom Emergency
화장실이 급할 때

 대화 훈련

강세와 끊어 읽기에 유념해서, 다음 영어 대화를 소리 내어 읽어 보세요.

Ⓐ Oh, / I **need** to **use** the **bath**room / **real**ly **bad**.

Ⓑ Is it number **one** / or number **two**?

Ⓐ Number **one**, of **course**. / I'm a**bout** to **pee** / in my **pants**.

Ⓑ **O**MG!

Ⓐ Oh, **my**. / My **bla**dder / is a**bout** to **burst**. I **can't hold** it **in** / **much** longer!

Ⓑ **Ho**ly **mol**y!

A 나 정말 화장실이 급해.
B 작은 거야, 큰 거야?
A 물론 작은 거지. 그런데, 나 바지에 쌀 것 같아.
B 맙소사!
A 오, 이런. 나 방광이 터질 것 같아.
　 더 이상 못 참겠어!
B 이게 무슨 일이야!

🔑 Key Expressions

✳ **bathroom** (실내·실외) 화장실, 욕실

> 추가 표현
>
> (public) restroom 공중 화장실
> men's room 남자 화장실
> ladies' room 여자 화장실

✳ **use the bathroom** 화장실에 가다

> 유사 표현
>
> go to the bathroom 화장실에 가다

✳ **number one** 소변을 완곡하게 나타내는 표현

✳ **number two** 대변을 완곡하게 나타내는 표현

✳ **pee** 소변을 누다

> 추가 표현
>
> poo 대변을 누다

✳ **OMG (Oh, my god)** 맙소사, 아이고

✳ **bladder** 방광

✳ **can't hold it in much longer** 더 이상 못 참겠다.

28 *Food Delivery Apps*
음식 배달 어플

 대화 훈련

강세와 끊어 읽기에 유념해서, 다음 영어 대화를 소리 내어 읽어 보세요.

A **Do** you order **in / often**?

B **Not too** often, **/** but **yeah**.

A **Which food** delivery **app /** do you **ty**pically **use**?

B **Me**? **/** It de**pends /** on **what** I'm **or**dering.

A I **think** I **use Cou**pang **Eats /** the **most**.

B **Same** here.

A 너는 음식을 자주 시켜 먹어?
B 아주 자주는 아니지만, 시켜 먹기는 하지.
A 어떤 음식 배달 어플을 주로 써?
B 나? 주문하는 음식에 따라 달라.
A 나는 쿠팡이츠를 가장 많이 쓰는 것 같아.
B 나도 그래.

✴ **order in (food)** 음식을 시켜 먹다

추가 표현

order food delivery 음식 배달 주문을 시키다

delivery food 배달 음식

get the food to go 음식을 포장해 가다

eat in 집에서 먹다

예문

Why don't we just order in?

우리 그냥 시켜 먹을까?

I try to order in food only when I have to.

나는 꼭 필요할 때만 음식을 시켜 먹으려고 노력해.

Let's get the food to go.

음식을 포장해서 가자.

✴ **food delivery app** 음식 배달 어플

💬 변동폭이 있는 가격은 항상 복수형으로 사용!

food prices 음식값

delivery food prices 배달 음식값

oil prices 유가

gas prices 가스 가격

gold prices 금값

stock prices 주가

rising prices 상승하는 물가

29 | *A Good Night's Sleep*
잠이 보약

 대화 훈련

강세와 끊어 읽기에 유념해서, 다음 영어 대화를 소리 내어 읽어 보세요.

A **How** many **hours /** do you **sleep** every **night**?

B I **u**sually **get** at **least six** hours.

A But you **look** a bit **tired** to**day**.

B I **bare**ly **slept** a **wink. /** I **toss**ed and **turn**ed **/ all night**.

A **What** was the **pro**blem?

B I **just** had a **lot /** on my **mind**.

A 너는 밤에 몇 시간씩 자?
B 나는 보통 적어도 여섯 시간은 자.
A 그런데 너 오늘 피곤해 보인다.
B 어제는 거의 한숨도 못 잤어. 밤새 뒤척였지 뭐야.
A 뭐가 문제였는데?
B 그냥 머릿속에 생각이 많았어.

✻ **sleep** 잠을 자다

추가 표현

sleep well 잘 자다

can't sleep well 잘 못 자다

sleep like a baby (아기처럼) 곤히 자다

sleep like a log (통나무처럼) 세상 모르고 자다

get quality sleep 숙면을 취하다

get some shut eye 잠시 눈을 붙이다

light sleeper 잠을 얕게 자는 사람

heavy sleeper 잠을 깊이 자는 사람

✻ **barely sleep a wink** 거의 한숨도 못 자다

✻ **toss and turn all night** 밤새 뒤척이다

유사 표현

twist and turn all night 밤새 뒤척이다

✻ **have a lot on one's mind** 생각이 많다, 머릿속이 복잡하다

오디오 듣기

/ 끊어 읽기   **● 강세 넣기**

30 | *Time to Get a New Phone*
휴대폰 교체 시기

 대화 훈련

강세와 끊어 읽기에 유념해서, 다음 영어 대화를 소리 내어 읽어 보세요.

A My **phone** / is **do**ing **weird** things.

B **That's** not **good**.

A It **freezes quite** often.

B I'm an **iPhone** user, / so I **don't** know **any**thing / about **An**droids.

A I've been a **Sam**sung **phone** user / **all** my **life**.

B **How** long / have you **had** your **phone**?

A 내 휴대폰이 자꾸 이상하게 작동해.
B 그건 좋은 현상이 아닌데.
A 자주 먹통이 돼.
B 나는 아이폰만 써서, 안드로이드 기종에 대해서는 아무것도 몰라.
A 나는 평생 삼성 휴대폰만 써 왔어.
B 지금 휴대폰을 쓴 지는 얼마나 오래됐어?

✳ **do weird things**   이상하게 작동하다, 이상한 짓을 하다

예문

My laptop is doing weird things.

내 노트북이 이상하게 작동해.

✳ **freeze**   (기계가) 먹통이 되다, 화면이 멈추다

추가 표현

crash (기계 작동이) 멈추다

예문

My laptop froze again.

내 노트북 화면이 또 멈췄어.

My phone keeps on crashing/freezing.

내 휴대폰이 자꾸 멈춰/먹통이야.

✳ **iPhone user**   아이폰 사용자

✳ **Samsung phone user**   삼성 휴대폰 사용자

추가 표현

Android user 안드로이드 휴대폰 사용자

예문

He has been a Samsung phone user all his life.

그는 평생 삼성 휴대폰 사용자였어.

✳ **How long have you ~?**   ~한 지 얼마나 오래됐어?

예문

How long have you had your tablet?

네 태블릿을 쓴 지 얼마나 오래됐어?

How long have you known her?

그녀를 안 지 얼마나 오래됐어?

부록

기초 영어 발음·강세 훈련

QR 코드를 스캔해서 단원별 오디오 음원과
현석샘의 보너스 발음·강세 강의를 확인해 보세요!

슈와(Schwa Sound) 현상 I

- 한 단어 안에서 강세가 없는 음절의 모음 발음이 중성 모음 [으]로 약화되는 현상이다.
- 미국 영어의 주요 발음 현상 중 하나이다.

🎧 발음·강세 훈련 　　　　　 A 발음 ● 강세 넣기

a**bout** [으] ~에 대한, 대략	a**mong** [으] ~ 중에	a**no**ther [으] 또 하나(의), 다른
ticket [꼿] 표	**mar**ket [꼿] 시장, 광고하다	
wallet [룻] 지갑	**bu**llet [룻] 총알	**out**let [룻] 배출구, 아웃렛
message [쓰] 메시지	**cho**colate [끄룻] 초콜릿	
student [튼] 학생	**fresh**man [믄] (대학·고등학교의) 신입생	
different [f으]·[른] 다른	**in**terest [트]·[르] 관심, 관심을 끌다	**con**centrate [쓴] 집중하다
camera [므] 카메라	**co**medy [므] 코미디, 희극	**po**sitive [z으] 긍정적인

- 한 단어 안에서 강세가 없는 음절의 모음 발음이 중성 모음 [으]로 약화되는 현상이다.
- 미국 영어의 주요 발음 현상 중 하나이다.

발음·강세 훈련   Ⓐ 발음 ● 강세 넣기

a**part**ment
[으] · [믄]
아파트

ac**ces**sories
[윽] · [쓰]
액세서리

be**fo**re [브]
~ 전에, ~ 앞에

ef**fort** [f으]
수고, 노력

com**pu**ter [큼]
컴퓨터

com**pa**re [큼]
비교하다, 비유하다

con**cern** [큰]
걱정, 걱정하게 하다

con**tain** [큰]
포함하다, 억제하다

con**ve**nient
[큰] · [은]
편리한

po**li**ce [프]
경찰

per**cent** [프]
퍼센트, 백분율

par**ti**cipate
[프] · [쓰]
참가하다

se**cu**rity
[쓰] · [r으]
보안, 경비

Ko**rea** [크]
한국

ca**reer** [크]
직업, 경력

Ja**pan** [즈]
일본

03 설탄음(Flap Sound) 현상 [T]

- 모음 발음 사이에 있는 [T]가 [ㄹ]로 발음되는 현상이다.
- [T] 바로 앞의 모음에 강세가 있을 때 적용된다.
- 미국 영어의 주요 발음 현상 중 하나이다.

발음·강세 훈련

Ⓐ 발음 ⬤ 강세 넣기

water [러] 물, 물을 주다	**bo**ttle [를] 병	
butter [러] 버터	**ma**tter [러] 문제, 중요하다	**me**tal [를] 금속
meeting [링] 회의, 만남	**mar**keting [링] 마케팅	
com**pu**ter [러] 컴퓨터	**cosme**tics [릭] 화장품	
hottest [르] 가장 인기 있는	**la**test [르] 가장 최근의	
cre**a**tive [리] 창의적인	**po**sitive [리] 긍정적인	
beautiful [르] 아름다운, 훌륭한	**mo**tivate [르] 동기를 부여하다	

설탄음(Flap Sound) 현상 [D]

- 모음 발음 사이에 있는 [D]가 [ㄹ]로 발음되는 현상이다.
- [D] 바로 앞의 모음에 강세가 있을 때 적용된다.
- 미국 영어의 주요 발음 현상 중 하나이다.

발음·강세 훈련

Ⓐ 발음   ● 강세 넣기

radio [리] 라디오	**vi**deo [리] 비디오	**au**dio [리] 음성, 오디오의
body [리] 몸		
wedding [링] 결혼(식)	**pu**dding [링] 푸딩	
ladder [리] 사다리		
cloudy [리] 흐린, 구름이 많은		
model [를] 모형, 모델	**mo**dern [런] 현대의, 현대적인	
medal [를] 메달, 훈장	**me**dical [르] 의학의	

05 경음화 현상 [P]

• 단어 중간에 있는 [P]가 된소리 [ㅃ]로 발음되는 현상이다.

🔊 발음·강세 훈련

Ⓐ 발음 ● 강세 넣기

paper [뻐]
종이

people [쁠]
사람들

speaker [삐]
연설가, 말하는 사람

s**p**in [삐]
회전, 돌다

s**p**icy [빠]
양념 맛이 강한, 흥미로운

s**p**a [빠]
온천

o**p**en [쁜]
열려 있는, 열다

to**p**ic [삑]
주제

sho**pp**ing [삥]
쇼핑

sho**pp**er [뻐]
쇼핑객

ex**p**erience [삐]
경험, 경험하다

res**pon**sible [뻔]
책임이 있는

res**pon**sibility [뻔]
책임

06 경음화 현상 [T]

• 단어 중간에 있는 [T]가 된소리 [ㄸ]로 발음되는 현상이다.

발음·강세 훈련 ── Ⓐ 발음 ● 강세 넣기

s**t**art [따]
시작하다

s**t**ay [따]
머무르다

s**t**eak [떼]
스테이크

s**t**udy [따]
공부하다

studying [따]
공부, 공부하는

s**t**eal [띠]
훔치다

s**t**eel [띠]
강철

s**t**ress [뜨]
스트레스, 강조하다

s**t**arving [따]
굶주리는

ins**t**all [따]
설치하다

distance [뜨]
거리

dis**t**urbing [떠]
불안감을 주는, 신경에 거슬리는

경음화 현상 [C], [K]

• 단어 중간에 있는 [C], [K]가 된소리 [ㄲ]로 발음되는 현상이다.

🔊 발음·강세 훈련   Ⓐ 발음   ● 강세 넣기

s**k**y [까]
하늘

---

s**k**ip [끼]
건너뛰다

s**k**ill [끼]
기술

---

s**k**i [끼]
스키, 스키를 타다

skiing [끼]
스키 타기, 스키를 타는

---

looking [낑]
~을 보고 있는, ~으로 보이는

---

working [낑]
일하는, 움직이는

walking [낑]
걷기, 걸어 다니는

---

talking [낑]
말하기, 말하는

---

parking [낑]
주차, 주차하는

---

local [끌]
주민, 지역의

---

shocking [낑]
충격적인

---

08 [오] 발음

• 우리나라의 외래어 발음 [오] 음가는 미국 영어에서 [어]로 발음한다.

발음·강세 훈련

Ⓐ 발음   ● 강세 넣기

on the internet [언] 인터넷상에서	on average [언] 평균적으로	online shopping [인] · [셔] 온라인 쇼핑
all [얼] 모든, 모두	tall [얼] 키가 큰	ball [얼] 공
always [얼] 항상, 늘	also [얼] 또한, 게다가	
almost [얼] 거의	altogether [얼] 완전히, 모두 합쳐	
office [어] 사무소, 사무실	audio [어] 음성, 오디오의	
often [어] 자주, 흔히	option [어] 선택, 옵션	
because [커] ~ 때문에	cost [커] 비용, 비용이 들다	
lost [러] 길을 잃은, 잃어버린	topic [타] 주제	concert [컨] 콘서트
model [머] 모형, 모델	modern [머] 현대의, 현대적인	
song [씨] 노래	sorry [씨] 미안한, 애석한	
sauce [씨] 소스	sausage [씨] 소시지	

[L] vs [R] 발음 구분

- [L] 발음: 혀끝이 윗니 뒤쪽에 닿는다.
- [R] 발음: 혀끝이 윗니 뒤쪽에 닿지 않는다.

발음·강세 훈련

Ⓐ 발음 ⬤ 강세 넣기

lea der [리] 지도자, 선두	**rea**der [뤼] 독자, 구독자
liver [리] 간	**r**iver [뤼] 강
lock [러] 잠그다, 자물쇠	**r**ock [뤄] 암석, 흔들다
lent [레] 'lend(빌려주다)'의 과거·과거분사형	**r**ent [뤠] 집세, 임차하다
long [러] 긴, 오래, 간절히 바라다	w**r**ong [뤙] 틀린, 잘못된
lice [라] 'louse(이, 기생충)'의 복수형	**r**ice [롸] 쌀, 밥
a**l**ive [라] 살아 있는	ar**r**ive [롸] 도착하다
learn [러] 배우다	**r**un [뤄] 달리다, 운영하다
light [라] 빛, 불을 붙이다	**r**ight [롸] 옳은, 정확히
recent**l**y [뤼] · [리] 최근에	re**l****ease** [뤼]·[리] 놓아주다

218 • 영어 초보 탈출

10 [F] vs [P] 발음 구분

- [F] 발음: 윗니로 아랫입술을 깨물어 발음한다.
- [P] 발음: 윗입술과 아랫입술을 붙이고 발음한다.

발음·강세 훈련

Ⓐ 발음 ● 강세 넣기

fashion 유행, 패션	**pas**sion 열정
fall 떨어지다, 넘어지다	Paul 폴 (남자 이름)
play 놀다, 연주하다, 연기하다	
party 파티, 정당, 파티를 하다	
friendly 친절한	
find 찾다, 알아내다	
follow 따라가다	
fridge 냉장고	
ferry 페리, 연락선 (근거리를 오가는 배)	
foot 발	
phone 전화기	
ele**ph**ant 코끼리	

11 [V] vs [B] 발음 구분

- [V] 발음: 윗니로 아랫입술을 깨물어 발음한다.
- [B] 발음: 윗입술과 아랫입술을 붙이고 발음한다.

🔊 발음·강세 훈련 　　　　　 A 발음 ● 강세 넣기

very 매우, 아주	**ber**ry 산딸기류 열매
vegetable 채소	
video 비디오	
violin 바이올린	
virus 바이러스	
vac**ci**ne 백신	
movie 영화	
de**vi**ce 장치, 방법	
ex**pen**sive 비싼	
native ~ 태생의, 타고난, 현지인	
souve**nir** 기념품, 선물	
bad (길게 발음) 나쁜	bed (짧게 발음) 침대
bag (길게 발음) 가방, 봉투	back (짧게 발음) 등, 뒤쪽의, 과거의

12 [TH] 발음

- 혀끝을 윗니와 아랫니 사이에 끼우고 발음한다.

🗣 발음·강세 훈련   Ⓐ 발음 ● 강세 넣기

this 이, 이것	that 저, 저것	
these 이것들 (this의 복수형)	those 저것들 (that의 복수형)	
Thursday 목요일		
thank 감사하다	thousand 1000, 천	three 3, 셋
through ~을 통해	throughout ~ 동안 쭉	
worth 가치, ~의 가치가 있는		
health 건강, 보건	healthier 더 건강한	healthiest 가장 건강한
seventh 일곱 번째	fifteenth 열다섯 번째	
birthday 생일	bathroom 욕실	

부록 | 기초 영어 발음 · 강세 훈련 • 221

• [ㅈ]을 진동하듯 떠는 소리로 발음한다.

발음·강세 훈련 A 발음 강세 넣기

clothes	close
옷	닫다, 가까운
music	
음악	
dizzy	
어지러운	
busy	busier
바쁜	더 바쁜
easy	easier
쉬운	더 쉬운
vegetables	
'vegetable(채소)'의 복수형	
movies	
'movie(영화)'의 복수형	
eggs	
'egg(알, 계란)'의 복수형	
apples	
'apple(사과)'의 복수형	
oranges	
'orange(오렌지)'의 복수형	
schools	
'school(학교)'의 복수형	
devices	
'device(장치)'의 복수형	

• [프뤄] 또는 [프로우]로 발음한다.

🔊 발음·강세 훈련

Ⓐ 발음 ● 강세 넣기

product [프뤄]
제품, 생산물

project [프뤄]
프로젝트, 계획

problem [프뤄]
문제

pro**fess**ional [프뤄]
직업의, 전문적인, 전문가

promising [프뤄]
유망한

prominent [프뤄]
중요한, 두드러진

program [프로우]
프로그램, 계획

protein [프로우]
단백질

pro**mo**tion [프로우]
승진, 홍보

pro**du**ce [프뤄]
제작하다

pro**du**ce [프로우]
농산물

15 틀리기 쉬운 영어 발음

- 원어민이 아닌 학습자들이 자주 실수하는 발음

  예시   caffeine [카페인] X
              [캬-f이-인] O

발음·강세 훈련

Ⓐ 발음   ● 강세 넣기

cafeteria [-티뤼아] 카페테리아, 구내식당	bacteria [-티뤼아] 박테리아, 세균
routine [티-인] 틀, 일상적인	
souvenir [v으] 기념품, 선물	
cafe [f에이] 카페, 작은 가게	
valet [l에이] 시종, 주차원, 주차원 일을 하다	ballet [l에이] 발레(춤)
buffet [f에이] 뷔페	
bidet [d에이] 비데	
bouquet [k에이] 부케, 꽃다발	
debut [뷰] 데뷔, 첫 출연	

영어 강세 기본 규칙

1. 내용어에 강세를 주고, 기능어에는 강세를 주지 않는다.

◆ **내용어**
- 명사, 동사, 형용사, 부사, 부정어, 지시대명사, 지시형용사

◆ **기능어**
- 인칭대명사, 조동사, 전치사, 관사, 소유격

I live in a house with my family.
나는 집에서 가족과 함께 살아.

I	live	in	a	house	with	my	family.
인칭대명사	동사	전치사	관사	명사	전치사	소유격	명사

I take the subway most often.
나는 지하철을 가장 자주 이용해.

I	take	the	subway	most	often.
인칭대명사	동사	관사	명사	부사	부사

2. 내용어가 연달아 나오면 맨 앞 단어에 강세를 준다.

◆ **형용사 + 명사**
big house 큰집

◆ **부사 + 형용사 + 명사**
very big house 매우 큰 집

3. 비교급 앞에 오는 강조어에 강세를 준다.

much easier 훨씬 더 쉬운
a lot faster 훨씬 더 빠른

부정어 강세

• 부정어에는 반드시 강하게 강세를 준다.

강세 훈련　　　　　　　　　　　　　　　　　　**강세 넣기**

aren't	are **not**
isn't	is **not**
won't	will **not**
don't	do **not**
doesn't	does **not**
didn't	did **not**
can't	can **not**
couldn't	could **not**
haven't	have **not**
never / **no**thing / **no**	

18 최상급 강세

- 최상급에는 강하게 강세를 준다.

  최상급 세 가지 이상의 비교 대상 중 가장 우월한 것을 나타낼 때 사용하며,
  '가장 ~한', '제일 ~한'으로 해석된다.

 강세 훈련 강세 넣기

best 최상의, 최고의, 가장

most 최대의, 최고의, 가장

one of the **best** 가장 최고 중 하나

one of the **most** 가장 최고의 ~ 중 하나

biggest 가장 큰

largest 가장 큰

smallest 가장 작은, 가장 적은

highest 가장 높은, 최고의

lowest 가장 낮은, 최저의

hottest 가장 인기 있는, 가장 뜨거운

fastest 가장 빠른

slowest 가장 느린

longest 가장 긴

shortest 가장 짧은

19 구동사(Phrasal verb) 강세

- 구동사는 '동사 + 부사/전치사' 등으로 짝을 이루어 쓰이는 동사들을 말한다.
- 두 단어를 하나의 동사처럼 인식해서 쓰는 경향이 있다.
- 구동사는 강세를 반드시 뒤에 준다.

구동사의 형태

◆ 동사 + 부사
- 기본 동사와는 아예 다른 의미를 만들어 낸다.
- 부사에 강세를 준다.
- 하나의 구동사가 여러 가지 의미를 가지기도 한다.

  give up 포기하다

  give in 항복하다

  work out 운동하다, 해결되다

◆ 동사 + 부사 + 전치사
- 기본 동사와는 아예 다른 의미를 만들어 낸다.
- 부사에 강세를 준다.
- 항상 세 단어가 숙어처럼 덩어리로 사용된다.

  run out of ~이 다 소진되다

  keep up with ~을 꾸준히 하다

  look up to ~을 존경하다

구동사가 아닌 경우

◆ 동사 + 전치사구
- 미묘한 의미 차이를 만들어 내지 않는다.

  go + to the store 상점에 가다

  eat + with my friend 친구와 함께 먹다

강세 넣기

eat **out** 나가서 먹다	eat **in** 안에서 먹다
order **in** 시켜 먹다	
check **in** 체크인하다	check **out** 체크아웃하다
work **out** 운동하다, 해결되다	
take **out** 내다 버리다	
clean **up** 치우다	
pick **up** 줍다	
post **up** 게시하다	
turn **on** 켜다	turn **off** 끄다
get **on** 타다	get **off** 내리다
look a**round** 둘러보다	
walk a**round** 걸어 다니다	
carry a**round** 들고 다니다	

20 합성어 강세

• 합성어는 앞 단어에 강세를 준다.

classroom 교실

movie theater 영화관

concert hall 콘서트홀

bus stop 버스 정거장

subway station 지하철역

hangout 아지트

hangover 숙취

handout 유인물

blackout 정전

staff-dinner 회식

after-party 뒤풀이

good-looking 외모가 준수한

well-known 잘 알려진

eco-friendly 환경친화적인

mobile-friendly 모바일 친화적인

beachside 해변가

riverside 강가

영어 초보 탈출

초판 1쇄 발행 2025년 1월 1일

지은이 이현석
편집 명채린 백지연
디자인 박새롬 오현정
마케팅 두잉글 사업본부

펴낸이 이수영
펴낸곳 롱테일북스
출판등록 제2015-000191호
주소 04033 서울특별시 마포구 양화로 113, 3층(서교동, 순흥빌딩)
전자메일 team@ltinc.net

이 도서는 대한민국에서 제작되었습니다.
롱테일북스는 롱테일㈜의 출판 브랜드입니다.

ISBN 979-11-93992-44-9 13740